Com a **bola** no pé
e a **urna** na cabeça

Com a bola no pé e a urna na cabeça

HERÓDOTO BARBEIRO
jornalista e professor emérito da ESPM

GUSTAVO KORTE
psicólogo, coach e empresário
nas áreas de saúde e fintech

Direção Geral: Julio E. Emöd
Supervisão Editorial: Maria Pia Castiglia
Revisão: Estevam Vieira Lédo Jr.
Programação Visual, Iconografia e Capa: Mônica Roberta Suguiyama
Editoração Eletrônica: Neusa Sayuri Shinya
Fotografia de Heródoto Barbeiro: : Antônio Chahestian/Divulgação Record News
Fotografia de Gustavo Korte: : Lavania Gavazzi
Fotografias da Capa: Shutterstock
Impressão e Acabamento: EGB – Editora Gráfica Bernardi Ltda.

CIP-BRASIL. CATALOGAÇÃO NA PUBLICAÇÃO
SINDICATO NACIONAL DOS EDITORES DE LIVROS, RJ

B187c

Barbeiro, Heródoto

Com a bola no pé e a urna na cabeça / Heródoto Barbeiro, Gustavo Lauro Korte Neto. - 1. ed. - São Paulo : HARBRA, 2019.

128 p. : il. ; 23 cm.

Inclui bibliografia
ISBN 978-85-294-0518-6

1. Voto - Aspectos sociais. 2. Processo decisório. 3. Participação política. 4. Eleitores - Atitudes. I. Korte Neto, Gustavo Lauro. II. Título.

18-51490   CDD: 324
                                                                       CDU: 324

Com a bola no pé e a urna na cabeça

Copyright © 2019 por editora HARBRA ltda.
Rua Joaquim Távora, 629
04015-001 São Paulo – SP
Tel.: (0.xx.11) 5084-2482. Fax: (0.xx.11) 5575-6876
www.harbra.com.br

Todos os direitos reservados. Nenhuma parte desta edição pode ser utilizada ou reproduzida – em qualquer meio ou forma, seja mecânico ou eletrônico, fotocópia, gravação etc. – nem apropriada ou estocada em sistema de banco de dados, sem a expressa autorização da editora.

ISBN 978-85-294-0518-6

Impresso no Brasil   *Printed in Brazil*

Jogo de cidadania

Todo mundo sabe de cor e salteado a escalação da seleção brasileira de futebol. Mas nem sempre se lembra do nome dos vereadores da Câmara Municipal de sua cidade. Sabe como é convocada a seleção, o nome do técnico e sua carreira de sucesso. Mas nem sempre sabe como são escolhidos os vereadores e o prefeito.

Esportistas são exemplos de superação, dedicação, disciplina e sempre empenhados em participar de um grande espetáculo, na maioria das vezes apresentado na tevê e nas mídias sociais. Os vereadores e o prefeito são responsáveis por manter o equipamento municipal funcionando da melhor forma possível para devolver à população – em escola, posto de saúde, limpeza das ruas, coleta de lixo, saneamento básico, entre outras coisas – o que ela paga de impostos, e os deputados, senadores, governadores e presidente da República, escolhidos por nós, devem honrar a confiança que depositamos neles e trabalhar em benefício da população.

Conhece-se muito de um lado e pouco do outro.

Por isso, nós aceitamos o desafio da editora HARBRA para equilibrar essas duas atividades socialmente importantes: esporte e política. Neste livro, imaginamos a escola, a professora e os personagens. Mas as informações são corretas. Queremos desmistificar que política é coisa difícil de entender, que só tem gente envolvida em corrupção, e apenas uma elite domina tudo!

O primeiro passo é entender como funciona. Depois agir.

Esperamos, com este trabalho, dar uma contribuição no sentido de esclarecer a importância que cada um de nós tem na qualidade da vida em sociedade. Precisamos nos conscientizar de que é necessário procurar acompanhar, não só nossos times do coração, mas – e principalmente – o que as pessoas que elegemos para nos representar estão propondo para resolver os inúmeros problemas que nos afetam diariamente, como estão utilizando o dinheiro que pagamos em impostos, além de participarmos com nossas sugestões visando a contribuir para a melhoria do bairro em que moramos, de nossa cidade, de nosso estado, do Brasil, enfim.

Está em nossas mãos fazer do Brasil um país melhor para se viver!

Os autores.

Sumário

O desafio da galera 9
Futebol, paixão nacional 11
Identidade esportiva e identidade política 17
A emoção de ganhar; a emoção de perder 19
A origem dos jogos 20
Times de futebol e partidos políticos 22
Programa partidário 34
Financiamento das eleições 38
A mulher no futebol e na política 45
Eleições no Brasil 49
Esquerda? Direita? Centro? 54
Filiação a um partido ou a um time 58
Torcidas 61
Regras do jogo e da vida em sociedade 65
Máquina pública 71
Quem manda em quem? 79
Justiça a nosso favor 82
Amor pela "camisa" 85

Tem gente nova na galera! 98
Corrida maluca 101
Treino de eleições 105
Corrupção na política e no esporte 110
Apresentação dos trabalhos 116
Sim, pode ser evitado! 120

Apêndice: meios de comunicação 124
Bibliografia 128

O desafio da galera

A professora Maria Clara não parava de inventar coisas na escola. Foi responsável pela feira de ciências, visitas aos museus, campeonatos de matemática e uma porção de outras coisas. Não parava nunca. Parecia que sempre tinha uma ideia nova, que era abraçada pelos alunos. Não é à toa que era queridíssima da galera e nas reuniões com os pais não faltavam elogios para ela. E no Dia do Professor sua mesa era pequena para a quantidade de flores que os alunos traziam. Conta-se, pelos corredores, que outros professores tinham uma pontinha de inveja dela...

Um belo dia, ela reúne as classes do Ensino Médio, faz um suspense, espera a banda de *rock* e o *DJ* terminarem suas apresentações e lança um desafio. Todo mundo gosta de futebol. O campeonato nacional mobiliza a turma todos os anos, e a cada quatro anos tem Copa do Mundo. Propõe que alguém lidere a organização de um clube de futebol profissional, mesmo que os craques da escola ainda estejam nos primeiros degraus da fama. A ideia é conhecer os meandros do esporte no Brasil e, quem sabe, ajudar a melhorar a sua organização. Mas Maria Clara não parou por aí. Lembrou que a cada dois anos há eleições. Para prefeito e vereador, depois para presidente, governador, senador, deputado federal e estadual. Os eleitos são responsáveis pela administração da cidade, do estado e do país. Contudo, como se organiza um partido político?

Clube de futebol até que a galera tem uma noção, mas partido político... deve ser uma chatice. Muitos torceram o nariz, outros fingiram não ouvir até que a mestra lançou um desafio. Metade da turma iria pesquisar como se monta um time de futebol e a outra metade, um partido político. A nota final seria a média dos dois trabalhos para todo mundo. Houve um aaaaaaah!... na sala de aula.

— Vocês têm dez minutos para eleger o líder de cada grupo — disse Maria Clara enquanto saía para tomar café na sala dos professores. Quando voltou, anotou o nome dos líderes: Laura iria liderar o grupo que pesquisaria o clube de futebol e João Vítor, o partido político.

Prazo para iniciar os trabalhos e os relatórios parciais: imediato. Foi uma confusão, mesclada de alegria pelo desafio, e um sem-número de ideias para fazer o trabalho. Mãos à obra!!!

Futebol, paixão nacional

Laura e João Vítor fizeram a primeira reunião para juntar as pesquisas iniciais dos participantes do grupo.

— Laura, sugiro que você apresente o que sua turma já pesquisou sobre como criar um clube de futebol – disse João Vítor.

— Nossa primeira reunião foi super legal. Lembrei, João, que meu pai e os amigos dele vivem dizendo que futebol é uma "paixão nacional". Quando comentei isso com meus colegas do grupo, o Rafa começou todo um papo sobre ser impossível uma pessoa se apaixonar por um time. A conversa foi ficando um misto de engraçada e esquisita. Daí chegou a professora Maria Clara que nos ajudou muito e até nos deu umas boas dicas sobre o que se fala a respeito de "paixão"! Gustavo fez um *blog* sobre o assunto. Da hora!

Paixão

Nada grande se conquista no mundo sem paixão.

Georg W. F. Hegel (1770-1831),
filósofo alemão

Normalmente, quando falamos de paixão, falamos sobre relacionamento amoroso entre duas pessoas, tema de discussão dos principais poetas e filósofos em todas as épocas. Mas aqui vamos tratar a paixão como uma atividade, que pode ser um trabalho, uma profissão, um *hobby*, arte ou um esporte.

Muita gente escreveu sobre o assunto, mas um pesquisador canadense, Robert Vallerand, desenvolveu um conceito sobre paixão com base em teorias sobre motivação, sendo uma delas a **Teoria da Autodeterminação**, de Edward L. Deci e Richard M. Ryan.

Essa teoria considera três necessidades básicas para a motivação humana:

✓ a **autonomia**, que diz respeito a sua decisão, a sua livre escolha,

a você realizar ou estar em uma atividade por vontade própria,

sem nenhuma obrigação, só pelo prazer;

✓ a **competência**, ou seja, a percepção de que

você é capaz de realizar aquilo que você decidiu fazer.

Dificilmente alguém vai querer fazer uma coisa que não se sente competente, não é?;

✓ o **entorno**, o ambiente. O entorno ou ambiente estão relacionados ao

se sentir parte de um ambiente e este o aceitar como parte dele.

DILMA SIDELNIKOV/SHUTTERSTOCK

Esse ambiente considera as pessoas, o espaço físico, as roupas, a cultura etc. Você quer estar todo o tempo que pode naquele ambiente, com aquelas pessoas, fazendo uma atividade ou o fato de participar pode significar que está contribuindo para outros realizarem melhor a atividade. No caso de um torcedor apaixonado, parece que, se ele não estiver presente no jogo, o time dele vai perder porque não teve o seu apoio.

Outro exemplo muito fácil de entender é o do jogador que joga muito bem em um clube, mas quando é vendido para outro clube de repente para de fazer gols, parece que esqueceu como jogar. O que provavelmente acontece nesses casos é que o jogador no novo clube não deve estar se sentindo parte do grupo ou o grupo pode não o estar aceitando bem. Outra possibilidade pode ser que ele ou a família não estejam se adaptando na nova cidade ou no novo país (por causa da comida, do clima etc.).

Onde essas três necessidades básicas estiverem atendidas, haverá motivação para realizar a atividade ou até para estar em um ambiente que permite à pessoa se manifestar como parte do grupo. E esse grupo pode muito bem ser de torcedores, não é?

Pense nisso!

- Compare o exemplo do jogador que muda de time com o do estudante que muda de escola. Como você imagina que aconteça a integração desse novo aluno? Como ele deve se sentir no primeiro dia de mudança de escola e de amigos?

— João, a prô Maria Clara deu uma superexplicação também sobre identidade e como isso está relacionado com os torcedores.

— Não estou vendo muita relação...

— É que quando uma pessoa está tão motivada a ponto de se apaixonar pela atividade, aquela atividade passa a se tornar parte da pessoa, parte da sua "**identidade**". Explicando de uma forma simples: você está em um ambiente porque decidiu estar lá, por você mesmo, e se sente bem estando lá. Quando você está nesse ambiente, você se percebe mais forte e cheio de confiança.

> **Identidade** é o conjunto de características de uma pessoa que a definem, que a tornam única.

Essa é a sensação que todo o grupo sente quando estamos juntos – criamos a paixão do grupo, em que um reforça o outro, um apoia o outro, um colabora com o outro como se fôssemos uma grande família.

— É isso mesmo, Laura. Entendi. Tem torcedores que são apaixonados por seus times de forma tão obsessiva que o time passa a ser a coisa mais importante da vida dele, atrapalhando a vida familiar ou os relacionamentos fora do futebol. Na minha família, não! Meus pais e tios torcem pelo time deles, isso é importante, mas não é a coisa mais importante da vida deles.

Pense nisso!

Pensando na perspectiva da paixão, todos os torcedores são apaixonados por seu time, pela camisa, pela história do time, por tudo que representa o clube e pelos jogadores que representam o seu time (exceto quando mudam de time e, ainda pior, quando muda para o time rival!).

Você já deve estar conseguindo visualizar alguns amigos que são apaixonados de forma mais obsessiva e outros cuja paixão é mais leve. E você, que tipo de torcedor você é? Como são as suas paixões: obsessivas ou você consegue lidar com elas de forma mais tranquila?

Identidade esportiva e identidade política

Falando em identidade e esporte, precisamos pensar sobre o conceito de identidade esportiva, em que o ambiente ou a atividade esportiva são a forma ou o local que você encontrou para manifestar a sua identidade.

A identidade esportiva pode estar relacionada à prática de um esporte ou estar envolvida com o ambiente do esporte. Também está relacionada aos símbolos do que representa o esporte e/ou o clube. São o brasão, as cores dos uniformes, o hino e como esses símbolos tocam nossos sentimentos.

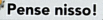

Pense nisso!

- Para entender o que é identidade esportiva, basta imaginar-se vestindo o uniforme do esporte ou do clube de que você gosta. Perceba as emoções que estão presentes. Tem orgulho? Alegria? Lembra-se das conquistas? De um jogador ou de um golaço na final do campeonato que tornou seu time campeão?
- Essas mesmas emoções você sente a respeito da bandeira do nosso país, do hino nacional, do verde-amarelo?

Para o torcedor que se identifica com o time, o jogo é o momento em que o seu clube irá, ao mesmo tempo, representar todas as suas expectativas esportivas e, algumas vezes, também de vida, quando o torcedor é obsessivo. O jogo é o momento em que a competência do time, e de tudo o que ele significa, está sendo colocada em dúvida.

É importante entender que no momento do jogo, quando se questiona ou se critica, se xinga ou se humilha o seu time, é como se o próprio torcedor estivesse sendo questionado, humilhado e, então, toda a frustração, todos os aspectos que envolvem a vida do torcedor são postos em xeque, porque é nesse momento que está se manifestando sua identidade. É uma emoção muito forte, profunda e que, dependendo do tipo de paixão, pode ser ainda agressiva, como no caso dos apaixonados obsessivos!

Da mesma forma que ocorre no esporte, com o indivíduo se identificando com um time, na política também há os "times", chamados partidos, com quem deveríamos nos identificar. Mas será que isso acontece? Será que ao escolhermos um partido político estamos, de fato, cientes dos princípios que ele defende, quem são seus fundadores e principais expoentes, qual é seu plano para a *nação brasileira*?

O conceito de nação não se resume a um conjunto de pessoas que nasceram em um mesmo território. Vai muito além disso!

A nação pressupõe uma população que compartilha valores, cultura, idioma, identidade, e que pode ou não estar em um país. Existem nações, como a dos curdos, por exemplo, cujo povo está disseminado entre vários países do Oriente Médio, ou mesmo a dos bascos, que ocupam parte da Espanha e da França, pois não foram criados países para essas nações.

No caso da nação brasileira, o futebol é mais um forte elemento de identidade nacional, ainda mais visível em períodos de Copa do Mundo, quando o sentimento de união ultrapassa as linhas do campo.

A emoção de ganhar; a emoção de perder

De preferência, sempre ganhar! Ninguém quer ver a sua competência questionada, ninguém quer se frustrar com a humilhação de uma derrota na vida ou no campo de futebol no meio de uma torcida!

Na realidade, a participação em um esporte implica o processo de ganhar e perder. Não existe um time que nunca perdeu um jogo. Ao jogar, você está se colocando em xeque e tem a possibilidade de ganhar, empatar ou perder – e sempre na final deverá ter um ganhador, o campeão!

Para ser um campeão na vida ou em qualquer atividade esportiva é muito importante saber perder e aprender o porquê da derrota para não cometer mais o mesmo erro.

A convivência entre torcedores de times diferentes requer uma atitude de respeito às diferenças e também aos valores do que representa o time para cada grupo de torcedores.

É preciso aprender a administrar as emoções conflitantes para que não se misturem com os relacionamentos humanos. É o início do aprendizado para respeitar diferentes opiniões, sentimentos, valores, mesmo que sejam contrários a tudo o que você acredita e pratica. É o respeito ao outro, ao diferente de mim. É o primeiro passo para a verdadeira democracia!

A origem dos jogos

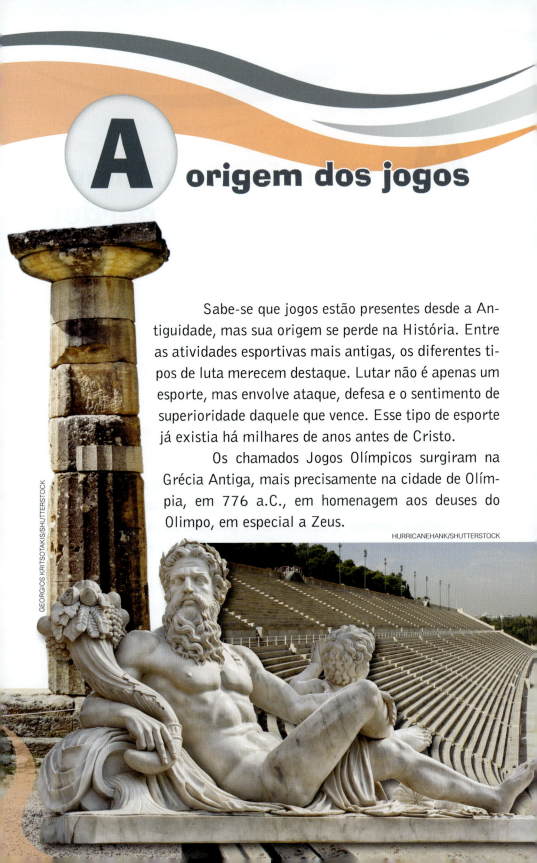

Sabe-se que jogos estão presentes desde a Antiguidade, mas sua origem se perde na História. Entre as atividades esportivas mais antigas, os diferentes tipos de luta merecem destaque. Lutar não é apenas um esporte, mas envolve ataque, defesa e o sentimento de superioridade daquele que vence. Esse tipo de esporte já existia há milhares de anos antes de Cristo.

Os chamados Jogos Olímpicos surgiram na Grécia Antiga, mais precisamente na cidade de Olímpia, em 776 a.C., em homenagem aos deuses do Olimpo, em especial a Zeus.

Sabe-se que na Grécia Antiga, e também em Roma, os soldados eram preparados para a guerra com jogos de bola, alguns deles realizados com os pés. Também se tem notícia de que em 2500 a.C., na China Imperial, e em 900 a.C., com os maias, já existiam esportes em que bolas (ou crânios dos inimigos!) deveriam ser lançadas de forma a passar por um aro ou mesmo dois paus fincados no chão.

Foi somente em 1863, na Inglaterra, que o futebol como o conhecemos começou a tomar forma. Durante a Revolução Industrial, o futebol ganhou força entre os operários das fábricas, e times foram formados por trabalhadores das diversas empresas. Nesse período, havia um movimento de sistematização de vários aspectos da vida das pessoas, até mesmo com a criação dos primeiros sindicatos, e estabelecer regras para o futebol se enquadrava no modo de vida daquela época.

EVERETT HISTORICAL/SHUTTERSTOCK

Times de futebol e partidos políticos

— Rafael, você ficou de pesquisar e elaborar um texto sobre como se forma um time de futebol. Vamos lá – o que você preparou?

— Para se montar um time de futebol, a gente precisa primeiro ter jogadores e alguém que comece a organizar tudo o que se precisa para se começar a treinar. Normalmente, o processo é bem simples: amigos, familiares, vizinhos que gostam de jogar futebol começam a marcar encontros em um campo, às vezes público (no passado existiam vários) ou privados, com locação por hora e tamanho de campo (futebol, **futebol *society*, futebol de areia, futebol de salão** etc.). Começam com o intuito de se divertir e de passar um tempo juntos. Depois vem a vontade de querer competir em pequenas ligas ou campeonatos locais. Quando isso acontece, quando precisam treinar para jogar com outros times, o nível de organização vai aumentando, ou seja, precisam comprar bolas, uniformes, definir quem faz as compras, quem lava os uniformes, como será o transporte (quem leva a turma, quem traz), a alimentação, quem fará os curativos (para o caso de alguém se machucar), entre outros tantos detalhes.

> **Futebol *society*** é um jogo com regras próprias, muito parecidas às do futebol convencional, com catorze jogadores em campo, sendo sete de cada time.
>
> **Futebol de salão** ou **futsal** é o futebol adaptado para ser jogado em quadras e não em campos. São cinco jogadores de cada lado.
>
> **Futebol de areia** ou **futebol de praia**, também com suas regras próprias, é jogado por times de cinco jogadores, sendo um deles o goleiro.

— Rafa, é muito detalhe! E isso só para se divertir!?!

MUZSY/SHUTTERSTOCK

— No momento em que a gestão e a logística começam a ficar mais complicadas, Laura, também a questão financeira começa a interferir e passa a ser um problema. Nessa hora, os participantes dividem as despesas e começam a busca por patrocinadores. Quando conseguem patrocinadores, por menores que sejam, surge a necessidade de prestar contas e de obter resultados. Para prestar contas e poder receber mais dinheiro, precisam criar uma empresa ou uma entidade que pode ou não ter fins lucrativos. Sabe, Laura, quando o grupo de amigos forma o clube legalmente, precisa de gestores, que podem ou não ser remunerados, de acordo com o **estatuto**.

Estatuto é o conjunto de regras de determinada associação.

Com a bola no pé e a urna na cabeça **23**

ALGUNS DOS PRINCIPAIS

América Futebol Clube (América Mineiro) – MG
- Fundação: 30/4/1912
- Título(s) importante(s): Campeonato Brasileiro Série B – 1997 e 2017

Associação Chapecoense de Futebol – SC
- Fundação: 10/5/1973
- Título(s) importante(s): Copa Sul-americana – 2016

Botafogo de Futebol e Regatas – RJ
- Fundação: 8/12/1942
- Título(s) importante(s): Copa Conmebol – 1993

Ceará Sporting Club – CE
- Fundação: 2/6/1914
- Título(s) importante(s): Copa do Nordeste – 2015

Clube Atlético Mineiro – MG
- Fundação: 25/3/1908
- Título(s) importante(s): Libertadores da América – 2013

Clube Atlético Paranaense – PR
- Fundação: 26/3/1924
- Título(s) importante(s): Campeonato Brasileiro – 2001

Clube de Regatas do Flamengo – RJ
- Fundação: 17/11/1895
- Título(s) importante(s): Copa Intercontinental – 1981

Club de Regatas Vasco da Gama – RJ
- Fundação: 21/8/1898
- Título(s) importante(s): Libertadores da América – 1998

Coritiba Foot Ball Club – PR
- Fundação: 12/10/1909
- Título(s) importante(s): Campeonato Brasileiro – 1985

Cruzeiro Esporte Clube – MG
- Fundação: 2/1/1921
- Título(s) importante(s): Libertadores da América – 1976 e 1997

Esporte Clube Bahia – BA
- Fundação: 1/1/1931
- Título(s) importante(s): Campeonato Brasileiro – 1959 e 1988

Esporte Clube Vitória – BA
- Fundação: 13/5/1899
- Título(s) importante(s): Taça Brasil Região Nordeste – 1965 e 1966

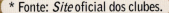

* Fonte: *Site* oficial dos clubes.

TIMES BRASILEIROS DE FUTEBOL

Fluminense Foot ball Club – RJ
- Fundação: 21/7/1902
- Título(s) importante(s): Copa Rio Internacional – 1952

Fortaleza Esporte Clube – CE
- Fundação: 18/10/1918
- Título(s) importante(s): Torneio Norte-Nordeste – 1970

Goiás Esporte Clube – GO
- Fundação: 6/4/1943
- Título(s) importante(s): Campeonato Brasileiro Série B – 1999 e 2012

Grêmio Foot-Ball Porto Alegrense – RS
- Fundação: 15/9/1903
- Título(s) importante(s): Copa Intercontinental – 1983

Paraná Clube – PR
- Fundação: 19/12/1989
- Título(s) importante(s): Campeonato Brasileiro Série B – 1992 e 2000

Santa Cruz Futebol Clube – PE
- Fundação: 3/2/1914
- Título(s) importante(s): Campeonato Brasileiro Série C – 2013

Santos Futebol Clube – SP
- Fundação: 14/4/1912
- Título(s) importante(s): Mundial Interclubes – 1962 e 1963

São Paulo Futebol Clube – SP
- Fundação: 25/3/1930
- Título(s) importante(s): Mundial Interclubes – 1992 e 1993, FIFA 2005

Sociedade Esportiva Palmeiras – SP
- Fundação: 26/8/1914
- Título(s) importante(s): Mundial Interclubes – 1951, Libertadores da América, 1999

Sport Club Corinthians Paulista – SP
- Fundação: 1/9/1910
- Título(s) importante(s): Mundial de Clubes FIFA – 2000 e 2012

Sport Club do Recife – PE
- Fundação: 13/5/1905
- Título(s) importante(s): Campeonato Brasileiro – 1987

Sport Club Internacional – RS
- Fundação: 4/4/1909
- Título(s) importante(s): Mundial de Clubes FIFA – 2006

— Rafa, nos clubes profissionais os executivos largam seus negócios lucrativos e dedicam todo o seu tempo ao clube de futebol, incluindo fins de semana, sem nenhum tipo de remuneração? Não é um pouco estranho?

— Não é bem assim, Laura. Alguns podem ser amadores, mas há remuneração, sim, que, quando possível, acompanha a média dos valores do mercado. Além dos dirigentes, Laura, não se esqueça de que é preciso eleger ou contratar um técnico... O futebol brasileiro acabou criando várias figuras ou personagens que fazem parte da administração do clube, das federações estaduais, da confederação e até mesmo da FIFA, que é a entidade máxima do futebol. Atualmente, há processos de corrupção que envolvem representantes de confederações de vários países. Outro aspecto importante é que todos os envolvidos nesses processos estavam de alguma forma vinculados a políticos de diferentes partidos ou linhas de pensamento.

Fique por dentro!

Acesse o endereço eletrônico abaixo para conhecer mais detalhes de como são eleitos os representantes dos clubes de futebol.

http://www.migalhas.com.br/
MeiodeCampo/109,MI244877,81042-
Sistema+de+eleicao+de+presidentes+de+
clubes+de+futebol

— João Vítor, um partido político também começa desse jeito?

— Laura, primeiro quero dizer que não é bom para a democracia ser apartidária. Não é possível **democracia sem partidos, sem políticos** e candidatos. A qualidade deles depende de nós, que escolhemos quem vai nos governar. Se escolhermos sempre os piores, o que poderemos esperar?!?!

Democracia é uma forma de governo em que o poder está nas mãos do povo, que elege seus representantes por meio do voto.

26 Com a bola no pé e a urna na cabeça

No Brasil, existem uns 35 partidos e não é possível que não exista gente comprometida com o nosso bem-estar! Há gente honesta espalhada por todos eles, basta identificar.

— Nooossa, João, não é muito partido? E nós ainda vamos criar mais um?!?!

— Laura, nos Estados Unidos existem mais de 70 partidos. A diferença é que o eleitorado se concentra nos dois maiores, Republicano e Democrata. Além disso, outra diferença é que lá cada partido precisa se sustentar com o próprio esforço.

— E aqui, como os partidos são mantidos, João?

— Bom, há um financiamento público. Isso quer dizer que as pessoas que pagam impostos sustentam os partidos. Por isso, alguns partidos políticos são apenas "balcões de negócios", que vendem seu apoio em troca de benefícios para eles, e toda essa grana é manipulada pelos "caciques" que se eternizam no controle.

— Balcão de negócios? "Caciques"? Do que você está falando, João?

Com a bola no pé e a urna na cabeça   **27**

Blog do Barbeiro

Não vamos confundir o "cacique" eleitoral com o morubixaba, o chefe da tribo indígena. "Cacique" aqui é a pessoa que controla o partido.

Em nosso país os partidos políticos, todos eles, são dominados por... "caciques"! Sempre os mesmos. E por que eles querem criar um partido? Porque os partidos recebem financiamento público de campanha, têm o fundo partidário, e têm também o poder de barganha, de vender o partido deles na hora das eleições. Eles vendem o tempo que o partido tem na televisão, vendem o tempo de rádio, vendem o tempo de apoio. Então, o "cacique" é praticamente um dono, ele é um "proprietário" do partido político. Ele junta lá a turma dele, um ajuda o outro e não deixa mais ninguém entrar.

"Caciquismo" é um fenômeno atual da política brasileira que precisa ser combatido. Como? O nosso combate contra ele deve ser, primeiro, divulgando para as pessoas como escolher os melhores candidatos; depois, denunciando o "caciquismo", denunciado os "caciques" para que as pessoas tomem consciência e não se deixem levar por eles.

Você olha hoje o nosso país e os "caciques" estão por todos os lados e pode ter certeza de que eles estão ganhando alguma coisa, estão levando alguma vantagem. Eles não estão preocupados com o nosso país, mas preocupados com a reeleição deles e de seus amigos, de seus colegas, de seus companheiros... Preocupados em se manterem para sempre no poder e de lá eles manipulam verbas, influenciam uma política que resulte em votos para eles, e vai por aí afora.

Está em nossas mãos – e não nas de ninguém! – lutar pelos melhores candidatos; devemos também denunciar os "caciques" de uma maneira democrática, de uma forma educada e pacifista. Ninguém precisa brigar contra o "cacique" político – basta não votar nele.

A coisa que um "cacique" mais tem medo não é de uma briga entre tribos indígenas: a coisa que o "cacique" mais tem medo é do eleitor consciente. Essa nossa iniciativa aqui na escola é para conscientizar a população escolar, os professores, nossos pais, nossa família, sobre nossa responsabilidade na escolha de quem irá nos representar.

É com a conscientização que nós poderemos melhorar o nosso país e a nossa política.

— Não sei se dá para resolver isso...

— Laura, mais uma vez cabe a cada um de nós participar e fiscalizar o partido em que votou para que tenha objetivos comunitários, de interesse da população, e não particulares. Os candidatos a todos os cargos do Executivo e do Legislativo só podem concorrer se estiverem filiados a um partido. Ao contrário dos Estados Unidos, no Brasil ainda não é possível ser candidato independente, ou seja, sem estar filiado a um partido. Na minha opinião, deveria ser possível...

— Na minha não...

— Ok... Nossa divergência mostra que o ambiente em que trabalhamos é democrático... Olha, agora falando do nosso trabalho, a turma fez uma reunião e resolveu que nosso partido vai se chamar Partido da Cidadania e da Ética, o PCE. Seremos um aglomerado de pessoas que defendem ideias semelhantes, Laura, e já deixamos por escrito os passos que demos para a formação do PCE e de seu estatuto.

— Também no futebol, João. Imagine que cada clube tenha um estatuto diferente, apesar de o processo de eleição do presidente ser realizado pelos conselheiros do clube na maioria das vezes. De certa forma, os processos de eleição nos clubes acabam sendo confusos para quem está acostumado a eleger de vereadores a presidente... Quem elege os conselheiros são os sócios do clube. Aqueles que pagam a manutenção do clube.

— Parece um parlamentarismo, não acha, Laura?

— Parlamentarismo?!? Não estou muito por dentro do que é isso, não... Mas, voltando ao futebol, o fato de os sócios manterem o clube não significa que não haja divergências... Na realidade tem muitas, porque sempre existem grupos que pensam diferente, que gostariam de outro treinador, jogador, outra comissão técnica etc. É também uma grande confusão política que envolve muita paixão. Em alguns casos tem gritos, brigas e mortes!

Blog do Barbeiro

Vamos lembrar que no Brasil existem três poderes que regulamentam nossa vida em sociedade e que regulam a administração do país:

✓ **Poder Executivo**, encarregado de governar e administrar os interesses do povo, segundo as leis que regem o país, nas esferas municipal (por meio dos prefeitos), estadual e do Distrito Federal (governadores) e federal (presidente da República);

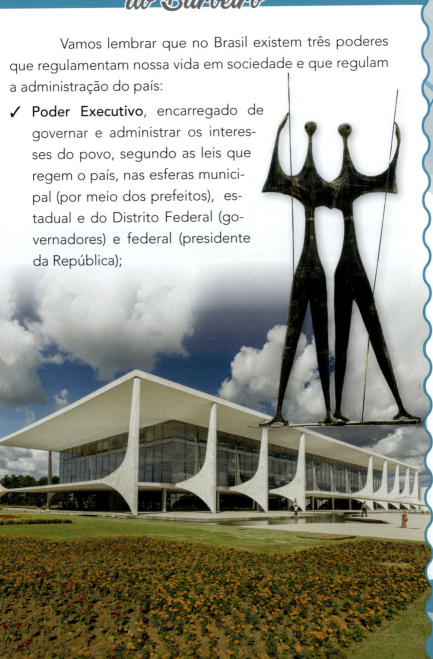

ANDRE DIB/R.M. NUNES/SHUTTERSTOCK

✓ **Poder Legislativo**, em que senadores, deputados e vereadores, entre outras atribuições, estabelecem as leis que vigorarão no país; e

✓ **Poder Judiciário**, encarregado de administrar a Justiça em nossa sociedade, com base nas leis estabelecidas e na Constituição.

O sistema de governo brasileiro é presidencialista, isto é, o Poder Executivo em âmbito federal cabe ao presidente da República, que é eleito pelo voto direto dos eleitores para um mandato por prazo determinado de quatro anos, podendo concorrer mais uma vez sem precisar sair do cargo.

Outra forma de governo que existe em vários países e que já existiu por um curto período de tempo no Brasil republicano é o parlamentarismo. Por esse sistema de governo, o Poder Executivo não está nas mãos do presidente da República, mas sim do primeiro-ministro, que é escolhido, em geral, entre os deputados mais votados de determinado partido político. Uma característica importante no parlamentarismo é a possibilidade de o primeiro-ministro e seu gabinete virem a ser destituídos caso não estejam governando bem ou sejam suspeitos de corrupção.

No sistema presidencialista brasileiro, a queda de um presidente da República, quer por um governo ineficiente ou por corrupção, só pode ser feita após um processo de *impeachment* (do inglês, impedimento), em geral longo e danoso não só para a economia, mas também para a vida em sociedade.

Pense nisso!

Em que período o Brasil foi parlamentarista?

Programa partidário

— Laura, quero lhe contar os passos que já demos na formação do nosso PCE. Até fizemos uma ata da fundação do partido!

Ata de fundação do Partido da Cidadania e da Ética, o PCE

1. Espalhamos convites pela internet, cartazes no comércio e nas escolas, e pedimos ajuda aos líderes religiosos para divulgar em suas igrejas a formação de nosso partido.
2. Na reunião previamente agendada no salão de festas da comunidade, elegemos uma comissão provisória para dirigir os trabalhos.
3. Entramos no *site* do Tribunal Regional Eleitoral e vimos que nossa equipe precisava redigir um "estatuto provisório" do PCE. Ele foi aprovado pela maioria dos presentes que também elegeu a direção do partido, com prazo determinado. Qualquer um dos presentes podia se candidatar e votar livremente. Assim, o PCE nasceu de forma democrática.
4. O grupo fundador do PCE também estabeleceu o "programa de ação", que considera quais as melhores atitudes e projetos para o país se desenvolver de forma sustentável, humana, com oportunidades iguais para todos e ações de distribuição de renda.

— Laura, fizemos uma consulta à Justiça Eleitoral para saber como se registra o estatuto do partido: bem complicadinho...

> **! Atenção**
>
> Só é admitido o registro do estatuto de partido político que tenha caráter nacional, considerando-se como tal aquele que comprove, no período de dois anos, o apoiamento de eleitores não filiados a partido político, correspondente a, pelo menos, 0,5% (cinco décimos por cento) dos votos dados na última eleição geral para a Câmara dos Deputados, não computados os votos em branco e os nulos, distribuídos por um terço, ou mais, dos Estados, com um mínimo de 0,1% (um décimo por cento) do eleitorado que haja votado em cada um deles.

Fonte: INMET. Disponível em: <www.inmet.gov.br>.

Com a bola no pé e a urna na cabeça **35**

— Sabe, Laura, colocamos em números essa explicação. Por exemplo, suponha que os deputados federais eleitos receberam, no total, 100 milhões de votos. Então, para que possa acontecer o registro do novo partido é necessário ter, ao final de dois anos, o apoio de 0,5% de eleitores, ou seja, 500 mil eleitores não filiados. Estes precisam estar distribuídos em, pelo menos, nove estados do Brasil, com um mínimo de 500 eleitores em cada estado.

— Nos clubes, João, as chapas são compostas de acordo com o estatuto do clube. Às vezes, as disputas são acirradas, dependendo do tamanho do clube e de sócios, e a diferença para a eleição de conselheiros pode ser de apenas dois ou três votos. Quando existem várias chapas (partidos) dentro do clube, elas são obrigadas a fazer acordos para que consigam eleger o presidente que eles pretendem. Mas isso não significa que só porque os sócios mantêm o clube não haja divergências... Na realidade há muitas, porque divergências a serem superadas sempre existem, independentemente de ser no futebol, no basquete, na política, na turma de amigos... Na fundação do partido, vocês também encontraram divergências?

— Uma vez decididos o programa e a linha de pensamento do partido, fomos ao *site* da Justiça Eleitoral. Olha, não é fácil, mas está tudo explicado lá. Na fundação de um partido político devem ser seguidas algumas normas previstas pela Legislação Eleitoral, desde o número de seus fundadores, quem vai atuar como membro da comissão diretora nacional provisória, planos de ação, objetivos, metas, até quantas convenções devem ser feitas para eleger o seu diretório nacional e em que prazo isso deve acontecer.

— Diretório nacional?!?

— Diretório nacional de um partido, Laura, é o responsável pela administração desse partido. É como o diretório do nosso centro acadêmico: tem presidente, tesoureiro, pessoas que fazem parte de sua diretoria...

Fique por dentro!

Os passos para registro de um partido político estão disponíveis no endereço eletrônico <http://www.planalto.gov.br/ccivil_03/Leis/1970-1979/L5682impressao.htm>.
Acesso em: 25 abr. 2018.

— Com o registro, João, seu partido já estaria habilitado para pegar o dinheiro do fundo partidário, né!?

— Calma aí, garota. Nosso partido é comprometido com a transparência e o nosso principal atrativo vai ser o compromisso público. Por isso, na nossa reunião de fundação aprovamos a "visão", isto é, como queremos que as pessoas nos percebam, e a "missão" de nosso partido, ou seja, o que nos propomos a fazer no Partido da Cidadania e da Ética (PCE):

Partido da Cidadania e da Ética

VISÃO – Ser percebido pela sociedade como um grupo de cidadãos éticos comprometidos com o desenvolvimento do Brasil e a edificação de uma sociedade mais justa, humana e igualitária.

MISSÃO – Formar políticos comprometidos com o estatuto do partido, lutar por seu programa, participar e acatar suas decisões e agir de forma coletiva para fazer parte do governo ou da oposição de forma transparente para que seus eleitores possam fiscalizar a todos.

— Puxa, João, é muito mais complicado do que fundar um time de futebol!!! Parece que vocês vão ter um trabalhão... Capricha aí, porque a nota vai ser a média dos dois trabalhos.

— Pode confiar!!!

Financiamento das eleições

— Laura, nossa turma me fez uma pergunta que eu não soube responder. Eles querem saber onde vamos arrumar dinheiro para manter o nosso partido político.

— Da hora, mas isso é problema de vocês, né!? No nosso caso é muito mais simples porque temos os ingressos dos jogos, venda de camisas do time...

— Laura, você me deu uma ideia e vou ver se a galera concorda! O partido político pode produzir material para ser vendido ao público. Como é uma causa pública, não paga imposto. Assim, podemos mandar fazer camisetas com vários desenhos do nosso PCE, com logotipo e frases que motivem as pessoas.

— Boa, João.

— Além disso, também podemos produzir chaveiros, distintivos, bonés, meias, capas de celular, decalque para *skate*, adesivos para vidro de carros... Tudo isso vai ser comprado com financiamento dos fornecedores e à medida que formos vendendo poderemos pagar a conta. Todos os membros do partido vão assumir a responsabilidade de vender uma cota de R$ 200,00, que será paga com a venda dos produtos. Este será o primeiro passo para fazermos caixa e permitir que o partido seja independente e possa divulgar suas ideias, participar de eventos e fazer campanha na época das eleições.

Ata dos debates no PCE
sobre arrecadação de fundos

Foi realizado um debate entre os membros do partido para definir como arrumar dinheiro para o PCE. Duas ideias foram calorosamente debatidas: financiamento privado e financiamento público.

FINANCIAMENTO PRIVADO

Um grupo foi favorável a se conseguir doações de empresas privadas. As verbas seriam maiores, e o PCE teria mais dinheiro para enfrentar uma campanha eleitoral, que custa muito caro. Foram mencionadas as seguintes vantagens:

– verbas maiores para a campanha;
– cada candidato pode ter seus próprios apoiadores;
– liberdade para arrecadação;
– comprometimento ético com o financiador;
– liberdade de escolher os locais de divulgação;
– possibilidade de contratar especialistas em *marketing* e internet.

Quanto às desvantagens, foram mencionadas:

– perda da independência política;
– comprometimento em apoiar os projetos do governo;
– conseguir empregos para os indicados dos apoiadores;
– pressão dos apoiadores na hora de votar os projetos de lei;
– ajudar a conseguir vantagens econômicas para o apoiador.

FINANCIAMENTO PÚBLICO

A outra turma propôs o financiamento público de campanha, ou seja, o dinheiro viria do bolso dos pagadores de impostos, os contribuintes. Foram enumeradas as seguintes vantagens:

– o partido tem garantido o financiamento;
– independência econômica;

– mais tempo para se dedicar ao programa do partido;
– dá oportunidade para pobres poderem concorrer;
– limite de gastos por candidato com aumento de oportunidade.

Foram enumeradas as seguintes desvantagens:

– os "caciques" do partido gerenciam o dinheiro;
– distribuição desigual entre os candidatos;
– perda da independência de propostas;
– domínio total da burocracia sobre a campanha;
– possível existência de "caixa dois" camuflado.

— A Operação Lava Jato e seus desdobramentos deram inúmeros maus exemplos de envolvimento de políticos com grandes empresários. Sobrou lama para muita gente, João.

— Verdade! No entanto, temos inúmeros exemplos no mundo em que o financiamento privado das campanhas acontece e nada disso ocorre. É porque aquelas sociedades, além de exigirem transparência da origem do dinheiro, fiscalizam todos os patamares do governo.

VINICIUS TUPINAMBA/SHUTTERSTOCK

— Vocês mencionaram a existência de "caixa dois" escondido. Vocês descobriram como isso funciona?

— Bom... Todos sabiam o que é o "caixa dois", uma vez que ele aparece a todo instante nos noticiários: o partido ou o político pega uma grana e não declara na Justiça Eleitoral esse valor. Por debaixo dos panos, financia a campanha de algum candidato do partido e o que sobra vai para uma conta secreta em um "paraíso fiscal". Com esse dinheiro, o arrecadador custeia os luxos dele e de sua família, como mansões, iates, joias, viagens de primeira classe... Vamos ficar atentos porque geralmente nas eleições temos *marketing*, publicidade, carisma e salvador da pátria. Tem muita gente que quer se eleger e gasta milhões e milhões de reais, muitas vezes de maneira escondida.

— Até recentemente, muitas pessoas que tinham dinheiro no "caixa dois" se sentiam como se não estivessem cometendo um crime.

— Mas cometiam sim!!! O "caixa dois" além ser ilegal também pode ser de origem ignorada – o político pode não saber a origem do dinheiro. Além disso, esse dinheiro "por fora" impede que as pessoas concorram de maneira igualitária, pois quem faz uso de mais dinheiro tem maior probabilidade de se eleger; quem não tem verba dificilmente se elege. Laura, vamos falar para a galera para ficarmos mais atentos ao conteúdo do programa do candidato, para sabermos qual é o seu plano de governo, qual é o plano de trabalho que o deputado, senador, governador ou presidente pretendem. Vamos ficar de olho, vamos perguntar direitinho o que o candidato pretende antes de a gente entregar nosso voto para ele.

— Da hora! O mínimo que nós temos de fazer é votar, não no fulano ou no beltrano, mas em um programa de governo consistente e que esteja em sintonia com aquilo que a gente gostaria para o nosso país, para o crescimento de nosso país.

— E que não queira encher seus bolsos com o fruto de corrupção. João Vítor, quanto de dinheiro do povo vai para a campanha eleitoral?

— A quantidade de dinheiro público que chega no cofre do partido é proporcional à quantidade de deputados da bancada na Câmara dos Deputados. Assim, os grandes partidos, que têm muitos deputados, recebem muito dinheiro. Os que têm poucos deputados, os nanicos, recebem pouco. Novamente se desequilibra a disputa eleitoral. Investigamos no *site* da Justiça Eleitoral e descobrimos que, em 2018, o dinheiro público destinado aos partidos e candidatos foi de aproximadamente R$ 2,5 bilhões... Então, pesquisamos outros países do mundo, como a Alemanha, por exemplo, e chegamos à conclusão de que é melhor um financiamento misto, que seja ao mesmo tempo privado e público. Com muita fiscalização em tudo!!!

— Huuumm... Não gostei dessa ideia... uns recebem muito e outros pouco. Assim a renovação vai ser pequena. Ainda bem que tem a campanha gratuita no rádio e na televisão!

— Não é bem assim, Laura. A distribuição do tempo no rádio e na televisão para a propaganda eleitoral segue os mesmos critérios das verbas. Quem tem mais deputados tem mais tempo, quem tem menos deputados tem menos tempo. E avisa a galera que a campanha no rádio e na tevê também não é grátis. É paga! As empresas de comunicação são obrigadas a exibir o horário eleitoral, mas recebem por isso, na forma de desconto nos impostos que têm de pagar. Percebeu?!? Somos todos nós que pagamos a propaganda eleitoral no rádio e na tevê. Avisa o pessoal!

Com a bola no pé e a urna na cabeça **43**

— Vou avisar, sim! Será que não seria melhor investir essa grana em casas populares ou mesmo em contrução de hospitais? Peraí que vou pegar meu celular.

— Para quê?!?!

— Para fazer a seguinte conta: meu pai estava lendo o jornal e falou que para construir uma casa popular custa mais ou menos R$ 65 mil e para construir um hospital com 200 leitos custa cerca de R$ 100 milhões. Então, com esses 2 bi e meio destinados aos partidos políticos... fazendo as contas... daria para construir quase 40 mil casas populares ou 25 hospitais! Que ficariam para atender a população!

— Se somos nós que pagamos as contas, então acho que antes de gastarem 2,5 bi para se reelegerem, deveriam fazer um plebiscito para saber se a maioria da população concorda com isso!

A mulher no futebol e na política

— Laura, eu soube que está em andamento o campeonato brasileiro de futebol feminino. Como você sabe, eu gosto de futebol e fiquei contente que, pela primeira vez, o time feminino do Corinthians jogou no "Itaquerão" com casa cheia.

— Foi só o começo!!! Em breve vamos estar no Mané Garrincha, Maracanã, Beira-Rio, Mineirão, Arena da Baixada e muitos outros...

— Sei... No time que vocês estão montando para o trabalho também está previsto um time feminino?

— É importante você e sua turma saberem, João, que para um clube jogar na Série A do Campeonato Brasileiro ele precisa ter uma equipe feminina. Em 2018, de vinte clubes da Série A, somente oito possuíam equipes femininas (América-MG, Corinthians, Flamengo, Grêmio, Internacional, Santos, Sport e Vitória).

— E vão ficar só nesses oito times?

— A partir de 2019, ter a equipe feminina de futebol passou a ser obrigatório para todos os clubes da Série A. A CBF está jogando pesado! Para você ter uma ideia, se o time classificado na Libertadores ou Sul-Americana não tiver mulheres disputando competições oficiais com sua camisa, estará vetado dos torneios da Confederação Sul-Americana!!! Olha, João, nós, como torcedores, devemos exigir que os clubes tenham uma equipe feminina e também devemos ir ao estádio para torcer por elas, porque elas estão vestindo a camisa do mesmo clube que torcemos! E as mulheres têm o mesmo direito que os homens, João, nunca se esqueça disso!

Com a bola no pé e a urna na cabeça

> **Pesquise**
>
> Voce sabia que em muitos países existem mais praticantes no futebol feminino do que no masculino? Quais são esses países? Vamos pesquisar na internet?

— Na boa, não sabia que todo clube de futebol masculino precisa ter uma equipe de futebol feminino também.

— É muito interessante a história do futebol feminino no Brasil, João. Teve época em que ele foi praticamente proibido, você sabia? Em 14 de abril de 1941, durante a presidência de Getúlio Vargas, foi criado o Decreto-lei 3.199, proibindo a "prática de esportes incompatíveis com a natureza feminina", entre eles o futebol. Esse decreto só seria revogado em 1979. As mulheres que jogavam futebol eram chamadas de "grosseiras, sem classe e malcheirosas"!!! Imagina isso?!?! No final do século 19, as mulheres só podiam ser torcedoras.

— Mulheres não podiam jogar nada, nadinha de futebol?

— Você pode acreditar que as partidas femininas só ocorriam em circos ou em quadras de futsal? Em 1959, até os religiosos de Minas Gerais fizeram com que o Clube Araguari terminasse com o time feminino. Ainda bem que não acontece mais... Mas tem uma coisa que parece que não vai mudar nunca... Você sabia que as mulheres que jogam profissionalmente ganham muito menos do que os homens?

46 Com a bola no pé e a urna na cabeça

Pense nisso!

- Alguém sabe dizer se as regras do futebol são as mesmas para os homens e para as mulheres?
- Tem time feminino de futebol na sua escola? no seu bairro? no clube que você torce?
- Conhece alguém que joga futebol feminino? e que joga profissionalmente?
- Na sua escola é permitido montar times com homens e mulheres?

Fique por dentro!

Veja mais informações sobre o futebol feminino no *link*:

https://pt.wikipedia.org/wiki/Futebol_feminino

— Eu sei que tem muita mulher que joga bem melhor que homens... rsrs... É claro que temos de respeitar as limitações físicas uns dos outros, mas o importante é jogar. Por isso a importância de um time de futebol poder jogar, competir, participar de um campeonato. E para que isso aconteça de forma igualitária é importante que existam regras para que todas as equipes tenham as mesmas condições de competir igualmente.

— Nem sempre isso acontece na política, não é, João?

— Huuumm, Laura, por muito tempo no Brasil as mulheres também não tiveram direito a votar... Mas isso ficou no passado! Atualmente, os partidos políticos são obrigados por lei nas eleições a reservar para as mulheres 30% das vagas. Pode imaginar que alguns partidos pedem para algumas mulheres assinarem uma ficha como se fossem candidatas só para "cumprir tabela"?!?! São as candidatas-laranja. Não recebem nem um único votinho!!! Nem o delas mesmo. A maioria nem sabe que foi candidata na última eleição... Isso é um tipo de corrupção, Laura, que nós vamos divulgar quando fizermos a apresentação do nosso trabalho na festa de fim de semestre no auditório da escola.

LEUNGCHOPAN/SHUTTERSTOCK

Eleições no Brasil

As eleições na história do Brasil começaram na época do Império Brasileiro, mas, naquele período, só os homens votavam – as mulheres não votavam, os escravos não votavam, os pobres também não votavam durante o período imperial. Por quê? Porque o chamado "princípio do voto universal", pelo qual todo mundo vota hoje, até mesmo as pessoas que não sabem ler ou escrever, naquela época não existia. Na época do Império, o voto era chamado de "voto censitário".

Com a bola no pé e a urna na cabeça

Voto censitário era aquele em que só votava quem tivesse determinada renda – por isso, durante todo o período imperial, nós tivemos apenas pessoas da elite votando e sendo votadas. Detalhe: analfabetos votavam!!!

O Império Brasileiro era indiscutivelmente um império aristocrático, não era democrático – era um império que estava, portanto, apoiado nos grandes proprietários de terra e grandes proprietários de escravos. Não vamos esquecer que o Brasil foi um dos últimos países do mundo a acabar com a escravidão oficial, que só terminou no final do século 19 (em 1888).

Durante o primeiro período da República brasileira, também chamado de República Velha, o voto – de acordo com a Constituição Brasileira de 1891 – foi estendido a todos os homens, mas as mulheres ainda não tiveram direito de votar.

A República Velha se constituiu no que se chama de República Oligárquica, o que quer dizer "república na mão de poucas pessoas". Os partidos políticos da República Velha representavam, geralmente, os grandes proprietários de terra, não mais os proprietários de escravos (a mão de obra já era assalariada), mas ainda assim era um sistema bem pouco democrático, uma vez que o voto era manipulado pelos "coronéis" locais.

O "coronel" – quer dizer, o chefe político local – normalmente pressionava os eleitores para votarem em seus candidatos. Para isso, ele usava a sua força econômica, dando alguma coisa para os eleitores, ou então os ameaçava com jagunços que ficavam nas urnas eleitorais para saber se iriam votar nos candidatos do "coronel".

Naquela época, o voto não era como é hoje. Hoje você tem uma urna eletrônica. Hoje você tem respeito à privacidade da pessoa, que pode votar em quem quiser, pois ninguém fica sabendo em quem ela votou. Isso é muito bom porque dá liberdade às pessoas para escolherem livremente seus candidatos. Na época da República Velha não era assim: o voto era aberto, ou seja, o cidadão chegava à seção eleitoral e ele então assinava e escrevia o seu voto. Com isso, todo mundo ficava sabendo em quem ele votou. E votar contra o chefe político local ou "coronel" era perigoso, pois havia uma ameaça à dignidade do eleitor, à sua vida ou de sua família.

Por isso a República Oligárquica também era conhecida pela política das oligarquias, em que os governadores dos estados brasileiros pressionavam os "coronéis" e estes pressionavam o povo. Havia um sistema de troca – o "coronel" pegava os votos e os levava para o governador. O governador dava algumas coisas para o "coronel": títulos, estradas, poços de água, e por aí afora. Por sua vez, o governador podia trocar votos com o presidente da República. Então, esse sistema de trocas começava lá embaixo, com o cidadão comum, o eleitor, e depois ia subindo até chegar à Presidência da República.

Felizmente, isso tudo acabou e hoje, com a República Democrática do Brasil, as pessoas podem escolher livremente em quem votar.

Pense nisso!

- O que você prefere: voto aberto ou voto fechado?
- Em uma eleição você pode ganhar ou pode perder. Bernstein, em 1997, escreveu a seguinte frase: "As pessoas são racionais quando ganham e se tornam irracionais quando perdem". Isso vale tanto para o time de futebol quanto para o partido político. Vale tanto para um candidato como vale também para o goleiro do time que perdeu. Qual é sua opinião a esse respeito?

A República Velha, como se sabe, vai até 1930 com a ascensão ao poder de Getúlio Vargas.

Getúlio Vargas derrubou o presidente da época, Washington Luís, assumiu o poder em 1930, e governou como ditador durante boa parte do período em que esteve à frente do governo (entre 1937 e 1945). Esse período ficou conhecido como Estado Novo.

Durante o período inicial de Vargas, em que se pensava que haveria realmente uma democratização do país, se aprovou também o voto das mulheres. Ocorre que simplesmente as eleições desapareceram...

A primeira eleição em que as mulheres votaram só aconteceu em 1946; portanto, depois da queda de Getúlio Vargas. De lá para cá, o direito de voto foi aumentando e ele foi se espraiando para outras camadas da população. Mais recentemente, foi dado direito de voto também aos chamados analfabetos.

Hoje, o sistema de voto no Brasil é amplo, aberto, democrático e qualquer pessoa pode votar. É bom lembrar que o voto no Brasil é obrigatório de acordo com a atual Constituição.

Aqueles que defendem o voto obrigatório dizem ser esta uma maneira de treinar a população, ou seja, de ensinar a população a votar. Os que são contrários à obrigatoriedade e favoráveis ao voto facultativo, optativo, dizem que os atuais "chefes políticos" do país são capazes, ainda hoje, de manipular as populações que não querem votar, que não têm conhecimento político, a elegerem sempre os mesmos deputados, vereadores, senadores... Essa manipulação pode ocorrer, segundo dizem, por meio de trocas ou de promessas de presentes ou benefícios aos eleitores.

DAR UM VOTO a um político e NÃO FISCALIZAR, NÃO ACOMPANHAR o que ele faz durante o mandato, é a mesma coisa que DAR UM CHEQUE EM BRANCO para que ele, durante quatro anos, faça o que BEM ENTENDER sem DAR A MENOR SATISFAÇÃO para o PÚBLICO!

PHOTOFRIDAY/SHUTTERSTOCK

É possível dizer que o sistema de votação no Brasil melhorou muito desde a época do Império até os dias atuais. Mas ele só realmente vai ser efetivo na hora em que **nós, em que a população brasileira**, em que todas as pessoas tiverem mais consciência e votarem naqueles em que realmente acreditam, e não nos que oferecem churrasco, bola de futebol, camisa para time de vôlei, nos que prometem uma porção de coisas e que não cumprem, porque sabem que não serão fiscalizados.

Pense nisso!

- Em sua opinião, o voto deveria ser obrigatório ou optativo, como em muitos países do mundo?

Com a bola no pé e a urna na cabeça **53**

Esquerda? Direita? Centro?

Ideologia é um conjunto de ideias, visão de mundo de um indivíduo, de um povo, que define o que se considera ideal para aquela sociedade e, principalmente, para a política, palavra que vem do grego antigo.

Há mais de 2 mil anos, na Grécia Antiga, *polis*, onde os cidadãos moravam, significava mais do que uma aglomeração de domicílios – era uma forma de vida coletiva. A política, então, era um conjunto de atividades públicas dos cidadãos, cuja participação era intensa, com apresentação de propostas que eram debatidas e votadas pela população, que, dessa forma, influía em decisões de Estado, que se tornavam mais racionais e voltadas para o bem-estar comum.

Os termos mais comuns que atualmente lemos nas mídias a respeito das ideologias são "esquerda" e "direita".

Essa denominação nasceu durante a Revolução Francesa, no final do século 18. No parlamento da época, chamado de Assembleia Nacional, do lado esquerdo da sala ficavam os deputados eleitos que representavam as camadas populares, os pequenos e médios proprietários, chamados de burguesia. Queriam reformas mais profundas na sociedade. Do lado direito da sala estavam os conservadores, ou seja, os que queriam reformas mais moderadas. Esse grupo era formado pelos nobres, grandes proprietários, alto clero e pelos que temiam grandes reformas.

Hoje, a "direita" identifica os partidos que são favoráveis à economia capitalista, ou de mercado, com a proteção dos lucros, pequena participação do Estado, e incentivo às empresas privadas. É o praticado, com algumas variações, na maioria dos países do mundo atual.

A ideologia da "esquerda" vai em outra direção. Geralmente é rotulada de comunismo, socialismo e suas variantes. Historicamente, o primeiro país moderno de esquerda foi a Rússia e outros países que formaram a antiga União Soviética. Um governo de esquerda defende uma forte participação do Estado na economia e, se possível, sem a ação das empresas privadas, lucro ou o que chamam de exploração do homem pelo homem. Foi rotulada pelos seus críticos de utopia ou de um sonho irrealizável. A finalidade última dessa ideologia é a extinção das classes sociais, do lucro, e do Estado.

Ao longo do tempo surgiram partidos que misturaram elementos da direita e da esquerda – são os chamados partidos de centro-direita e de centro-esquerda e que existem na maioria dos países, inclusive no Brasil, conhecidos como partidos do bem-estar social, em que o Estado é o mediador dos conflitos sociais por meio de órgãos e agências reguladoras, como, por exemplo, Agência Nacional de Energia Elétrica – Aneel, Agência Nacional de Aviação Civil – Anac e várias outras. Incentivam a concorrência entre as empresas e estabelecem regras para impedir a formação de monopólios e oligopólios, isto é, que uma única empresa ou um pequeno grupo de empresas dominem o mercado e imponham preços e condições de funcionamento. Por exemplo, há quem diga que, no Brasil, onde existem apenas cinco grandes bancos, eles formam um oligopólio. Até pouco tempo atrás, a Petrobras era considerada um monopólio, porque só ela tinha a exclusividade de extrair, refinar, comprar e vender o petróleo. Há vários monopólios no mundo, como a PDVSA, da Venezuela, empresa estatal que tem o controle total do petróleo daquele país.

Dada a quantidade de partidos políticos, eles tomaram "colorações" diversas e, às vezes, é difícil identificar quem é o quê. Em nosso país, salvo os partidos de esquerda, o público não sabe claramente o que o partido defende. Isso provoca um fenômeno que é o populismo, isto é, em vez de o eleitor votar em um programa partidário, ele vota em um líder popular. O populista é maior do que o partido, muda de acordo com o que julga melhor para seu governo e geralmente entra em confronto com o Congresso Nacional. Nossa história está cheia de exemplos. Esses confrontos ameaçam a democracia, a pluralidade de ideias, de organização, de manifestação, e podem desaguar em ditaduras.

Com a bola no pé e a urna na cabeça

ALGUNS DOS PRINCIPAIS

Partido da Causa Operária (PCO)
- Data de criação: 7/12/1995
- Registro definitivo: 30/7/1997

Movimento Democrático Brasileiro (MDB)
- Data de criação: 4/12/1965
- Registro definitivo: 30/6/1981

Partido Comunista do Brasil (PCdoB)
- Data de criação: 25/3/1922
- Registro definitivo: 23/7/1988

Partido Democrático Trabalhista (PDT)
- Data de criação: 17/6/1979
- Registro definitivo: 10/11/1981

Partido Socialismo e Liberdade (PSOL)
- Data de criação: 7/7/2004
- Registro definitivo: 15/9/2005

Partido dos Trabalhadores (PT)
- Data de criação: 10/2/1980
- Registro definitivo: 11/2/1982

Partido Socialista dos Trabalhadores Unificado (PSTU)
- Data de criação: 5/6/1994
- Registro definitivo: 19/12/1995

Rede Sustentabilidade (REDE)
- Data de criação: 16/2/2013
- Registro definitivo: 22/9/2015

PARTIDOS POLÍTICOS DO BRASIL

Partido da Social Democracia Brasileira (PSDB)
- Data de criação: 25/6/1988
- Registro definitivo: 24/8/1988

Democratas (DEM)
- Data de criação: 24/1/1985
- Registro definitivo: 11/9/1986

Partido Verde (PV)
- Data de criação: 17/1/1986
- Registro definitivo: 30/9/1993

Partido da República (PR)
- Data de criação: 26/10/2006
- Registro definitivo: 19/12/2006

Podemos (PODE)
- Data de criação: 2/5/1945
- Registro definitivo: 2/10/1997

Partido Progressista (PP)
- Data de criação: 8/8/1995
- Registro definitivo: 16/11/1995

Partido Social Democrata Cristão (PSDC)
- Data de criação: 30/3/1995
- Registro definitivo: 5/8/1997

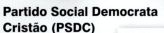

Partido Trabalhista Brasileiro (PTB)
- Data de criação: 15/5/1945
- Registro definitivo: 3/11/1981

Filiação a um partido ou a um time

— Bom, agora é a minha vez de perguntar, João. O partido que vocês estão formando já tem uma ideologia definida?

— Laura, nosso grupo debateu muito o programa do partido e a maioria optou por uma ideologia de centro-esquerda, ou seja, queremos um Estado focado na distribuição de renda, serviços básicos universais, como saúde, educação, saneamento básico e defesa do meio ambiente. Incentivamos os filiados a conhecer detalhes do programa aprovado e fazer campanhas dentro das linhas propostas. A condição básica para se filiar é a de se comprometer com o programa do partido. Quem não concordar pode apresentar suas propostas de mudanças nas reuniões nacionais do partido ou, se não aceitar o resultado, procurar outro partido mais afinado com suas ideias!

— Sem disciplina partidária, comprometimento com os objetivos, obediência ao que foi decidido pela maioria, o caminho é cair no populismo, ou seja, esperar um "salvador da pátria", um líder carismático, um "condutor de povos". Essa experiência, no passado, se mostrou desastrosa como já nos contou nosso professor de História.

— Bom... Vou pedir ajuda ao professor de História para nos ensinar a história da evolução das ideologias capitalista e socialista.

— Como estamos fazendo um exercício da criação de um partido político, já temos o nome do partido, o estatuto do partido, as reuniões do partido, e tudo mais. E, para que o partido fique bastante forte, precisamos ter uma quantidade de filiados. Se não tivermos um número de filiados suficiente, o partido não será reconhecido pela Justiça Eleitoral.

Blog do Barbeiro

Ser filiado a um partido político não quer dizer que você precisa seguir as normas do partido. Ser filiado não quer dizer que você seja obrigado a fazer aquilo que o partido manda! Ser filiado a um partido político quer dizer o seguinte: "Olha, eu concordo com as ideias do partido, eu acredito nas pessoas que formam esse partido".

Nos países democráticos do mundo, é muito comum as pessoas serem filiadas a um partido político. É preciso acabar com o medo que as pessoas têm de se filiar a um partido político. Se, porventura, o partido não conseguir aquilo em que acreditamos, o que achamos melhor para nosso país, então pedimos nossa desfiliação.

Saímos de um partido e entramos em outro se quisermos, pois não há problema nenhum nessa mudança, é uma coisa natural, comum. Só não devemos *emprestar o nosso nome* só para o partido ter uma quantidade de filiados que o habilite a participar de eleição. Isso não!!! Agora, filiar-se de modo consciente, de uma maneira ativa, isso sim.

Ser filiado a um partido político não é fazer parte do exército daquele partido. Partido não é exército, não é uma força militar. Partido é uma força política, é uma força de pensamento, é um programa, é um conjunto de ideias. Se eu concordo com as ideias, propostas e programa, eu me filio; se não, não me filio. Para se filiar a um partido político é preciso que estejamos com nossos direitos políticos completos.

O filiado é obrigado a pagar mensalidade ao partido? Não! Mas, se quiser, ele pode ajudar o partido político sim. Pode, se quiser, livre e espontaneamente, pagar uma mensalidade ou ajudar o partido porque acredita nele. Essa é uma maneira clara e transparente de ajudar o partido político ao qual se está filiado.

— Acho melhor a gente parar por aqui. Vamos reunir as turmas e ver se todo mundo entendeu as propostas e se estão de acordo para prosseguirmos. Só para você saber, Laura, meu coração é corintiano. Da hora!

— Não me venha com essa. Eu sou Palmeiras!!!

— Ainda bem que no futebol não tem partidos...

— Mas tem os times, que são muito parecidos com os partidos! A principal diferença é que eles não influenciam diretamente a política nacional, e o mais interessante é que eles podem ter políticos de partidos diferentes que torcem para o mesmo time! Ah... com a diferença de que a formação de um time de futebol é mais fácil: de um lado, precisamos somente de jogadores e à medida que o time vai melhorando, e crescendo nas competições, as exigências vão aumentando, assim como os recursos e as necessidades de melhores jogadores etc.

Torcidas

— Na aula de História o professor explicou uma grande briga de torcida. Fiquei atento e pensei que fosse um Fla-Flu. Não era! A pancadaria aconteceu não entre as torcidas organizadas, mas com a polícia. A massa enfurecida quebrou tudo, saiu para as ruas e praças da cidade e depredou igrejas e prédios públicos.

— Espera aí, João, eu não vi isso em nenhuma mídia...

— Laura, isso ocorreu no século 5.º, em Constantinopla, e não era jogo de futebol. Era um corrida de cavalo.

— Nunca vi corrida de cavalo terminar em briga...

— Mas essa terminou. As torcidas no hipódromo estavam divididas entre o cavalo do imperador Justiniano e outros animais. Na final, o quadrúpede imperial, Nika, chegou quase empatado, focinho a focinho. O árbitro, ou o juiz, como se dizia, deu a vitória para Nika. Foi uma avalanche de palavrões, elogios à mãe do juiz, e grossa pancadaria. Foi necessária a presença do exército para dominar uma revolução que começou no hipódromo e se espalhou pela capital do Império Bizantino.

— Bom... por aqui temos conflitos, João, mas a nossa torcida está longe disso.

— Você já viu alguma briga entre torcidas, Laura?

— Infelizmente, já. Vi brigas dentro da mesma torcida organizada, entre torcidas do mesmo time, de times adversários e também de torcidas com policiais, brigas que tenham começado pelos torcedores ou uma que até pareceu ter sido iniciada por policial, mas como eu estava longe não posso confirmar nada. No meu entender, todas essas brigas são muito tristes e não deveriam acontecer no futebol.

— Eu acredito que é importante a gente defender a nossa honra, os nossos direitos, Laura, mas deveríamos ter a mesma energia para defender os nossos direitos contra políticos e dirigentes do nosso país que sejam corruptos!

— Concordo com você, João. Da hora!

— Laura, vocês conseguiram saber como se forma uma torcida organizada?

— Normalmente são fundadores do clube que se unem com os patrocinadores e simpatizantes para torcer para o time que ajudaram a montar e que apoiam. Criam um nome para a torcida (por exemplo: Torcida Uniformizada do Palmeiras – TUP), criam normas/estatuto para que se possa ser um membro da torcida, que em geral tem todo o apoio do presidente e da diretoria do clube. O clube vai crescendo e com ele a torcida vai crescendo também.

— Entendi, Laura... Sem torcida não tem time.
— Nada disso! Uma coisa é uma coisa, outra coisa é outra coisa! Já teve caso de time que chegou à primeira divisão do campeonato paulista e quase não tinha torcedores por ser um time totalmente patrocinado: contrataram jogadores e uma equipe técnica e conseguiram chegar à primeira divisão! Tinham recursos, mas não tinham torcida!
— Legal!
— A torcida organizada em geral tem o apoio dos dirigentes dos times que muitas vezes doam os ingressos ou fazem preços reduzidos para os torcedores, ajudam no transporte e, às vezes, até na alimentação! Podemos considerá-los "torcedores profissionais". Os dirigentes entendem que é importante para o time ter uma torcida para motivar e comemorar os gols e as vitórias!
— Meu irmão não torce para time nenhum, Laura...

CP DC PRESS/SHUTTERSTOCK

ALEKSEYIVANOV/SHUTTERSTOCK

— Tem muitas pessoas que não torcem por nenhum time, mas quando a seleção brasileira entra em campo, viram torcedores fanáticos. São os torcedores da seleção e Copas do Mundo. Fazem pelo ideal, porque aprenderam a torcer pela seleção de futebol do Brasil em vez de torcerem "pelo" Brasil.

— De vez em quando descambam para a briga, para o "quebra-quebra"... Mas se todos os torcedores apaixonados de todos os times fossem apaixonados pelo nosso Brasil, é muito provável que nossa situação política seria diferente.

— João Vítor, você acha que está certo partido político, que é bancado por dinheiro público, enviar seus filiados partidários para fazer passeatas ou brigar?

— Podemos dizer que atualmente são poucas as "torcidas organizadas" políticas. Mas no passado elas existiram e eram violentas. Atacavam os adversários, batiam e muitas vezes matavam. Algumas das mais violentas foram a do fascismo (do movimento italiano, *Fascio di Combattimento*) e a do nazismo (tropas de assalto alemãs, abreviadas como SS). Em outras ditaduras, as ameaças contra a oposição se davam por meio de polícias políticas, como a KGB (da antiga União Soviética), a Pide (de Portugal) e o DIP (de Getúlio Vargas).

64 Com a bola no pé e a urna na cabeça

Regras do jogo e da vida em sociedade

— Falando de partidos e times, todos eles precisam de regras ou leis. João, você sabe quem faz as leis do futebol?

— Sei lá! Acho que os dirigentes dos clubes!

— Existe uma entidade dentro do futebol que uma de suas principais funções é avaliar as interpretações das leis e também, quando necessário, criar ou ajustar novas regras, como por exemplo o 5.º e 6.º árbitros (aqueles que ficam atrás do gol) ou o árbitro de vídeo, que se vale da tecnologia para confirmar ou não uma decisão do árbitro ou até mesmo para auxiliá-lo a tomar uma decisão. Você sabe o nome dessa entidade?

— FIFA!

— Não é a FIFA não, João! É a IFAB (*International Football Association Board*), uma associação independente, mantenedora das leis de futebol, que debate, define e faz emendas às leis do jogo. O IFAB é constituído pelas Confederações de Futebol da Inglaterra, Escócia, País de Gales, Irlanda do Norte e por representantes da FIFA, que tem 4 votos. Uma nova regra ou lei do jogo precisa ser aprovada por, pelo menos, 3/4 dos votantes Podemos dizer que as 17 regras do futebol são a "Constituição" do futebol. Mas o que ainda não entendi é por que alguns falam em "leis" do jogo e outros em "regras" do jogo. Pode parecer a mesma coisa, mas eu acho que não é!

> **Pesquise**
> - Existe diferença entre regras e leis?
> - Quem estabelece as leis no Brasil?
> - Como é feita a aprovação de uma nova lei?

Com a bola no pé e a urna na cabeça **65**

Blog do Gustavo

As 17 regras oficiais do futebol

1. dimensões do campo e delimitações: as medidas oficiais para o campo são de 90 a 120 m de comprimento e de 45 a 90 m de largura. Para partidas internacionais, a norma prevê entre 100 a 110 m de comprimento e 64 a 75 m de largura
2. características da bola e sua substituição: de material aprovado, com peso entre 410 e 450 g e ainda deve ter determinada pressão interna
3. números máximo e mínimo de jogadores e suas substituições: cada um dos dois times no jogo deve ter um mínimo de sete e um máximo de onze jogadores em campo

Posições de defesa:
GR, goleiro; ZG, zagueiro; LE, lateral esquerdo; LD, lateral direito.

Posições de ataque:
CA, centroavante;
PE, ponta esquerda;
PD, ponta direita.

Elementos de ligação:
MC, meio-campo.

4. uniforme dos jogadores: o uniforme prevê camisa de mangas curtas ou compridas, calções, meias compridas, caneleiras e chuteiras, e as cores dos dois times não podem ser parecidas

5. árbitro central: autoridade máxima em campo
6. árbitros assistentes: auxiliam o árbitro central
7. número de tempos do jogo e duração do intervalo e da partida: dois tempos de 45 min cada um, com intervalo de 15 min entre eles; são previstos acréscimos em cada tempo para repor as paralisações. Os dois tempos para as competições variam de acordo com as regras das competições e idades, mas, em geral, para sub-11 são de 20 min cada; para sub-13, 25 min cada; para sub-15, 30 min cada e para sub-17, 30 min cada
8. começo e recomeço do jogo em caso de interrupção: no início da partida, o vencedor em um sorteio por moeda decide de que lado do campo será o gol de seu time; quem ganha o sorteio dá o pontapé inicial no segundo tempo
9. quando considerar a bola em jogo e fora de jogo
10. gol direto, indireto e contra
11. impedimento: situação em que o jogador que se encontra próximo ao gol recebe a bola, mas está posicionado à frente dos jogadores do time adversário
12. cartões (amarelo e vermelho), faltas e outras penalidades
13. tiro livre direto: a ser realizado contra a equipe adversária, quando acontecer, a critério do árbitro, uma ação imprudente ou com o uso excessivo de força por parte da outra equipe
14. pênaltis: será penalizado com um tiro direto contra seu gol o time cujo integrante cometer falta dentro da área adversária
15. como deve ser o arremesso lateral: quando a bola sai completamente do campo, o jogador do outro time deverá posicionar-se sobre a linha que delimita o campo e, com as duas mãos, lançar a bola da parte de trás de sua cabeça
16. tiro de meta
17. escanteio (tiro de canto): quando a bola tiver ultrapassado totalmente a linha de meta, tendo sido tocada por último por um jogador da equipe defensora, e não tenha sido marcado um gol

— A lei máxima do nosso país, Laura, é a Constituição Federal ou Carta Magna, que reúne as leis que regem o Estado, bem como as garantias e os direitos dos cidadãos brasileiros.

— Nos clubes de futebol é o estatuto, João.

— Bom, a Constituição deve ser respeitada por todos. Você sabia que a atual não é a primeira do nosso país? O Brasil já teve várias, sendo que a última é de 1988.

Constituições do Brasil

- Constituição de 1824 – Imperial
- Constituição de 1891 – primeira da República
- Constituição de 1934 – após a revolução constitucionalista paulista
- Constituição de 1937 – ditadura do Estado Novo
- Constituição de 1946 – redemocratização
- Constituição de 1967 – pós-golpe de 1964
- Aditamento de 1969 – consolidação do governo militar
- Constituição de 1988 – chamada de cidadã

A Constituição tem alguns artigos chamados de "pétreos", ou seja, que só podem ser mudados com uma nova Constituição. Outros artigos podem ser mudados com um Projeto de Emenda Constitucional, conhecido como PEC, que precisa ser aprovado em duas votações por 3/5 da Câmara dos Deputados e do Senado. Atualmente, uma nova Constituição para o Brasil só pode ser elaborada por meio de uma Assembleia Constituinte, formada por um grupo de cidadãos eleitos pelo povo, que se reúnem por determinado período de tempo, para discutir e propor as normas, as regras fundamentais, que regerão o país.

> **Pense nisso!**
>
> 🗐 O filósofo e escritor francês Charles-Louis de Secondat, conhecido como Montesquieu (1689-1755), disse: "Todo aquele que detém o poder tende a abusar dele". Em outras palavras, quis dizer que todo mundo que tem o poder precisa ter limites. O limite pode ser a Constituição de um país que todo mundo deve obedecer? Qual é a sua opinião?

— Laura, a Constituição do Brasil estabelece que o país deve ser governado por três poderes INDEPENDENTES. Preste atenção, o presidente da República do Brasil não tem poder absoluto. Ele não é o imperador de Mombaça!

— Hãããã?

— Procura no Dr. *Google*, Laura... O poder no Brasil está dividido entre o Executivo, o Legislativo e o Judiciário. Os dois primeiros são preenchidos por voto popular, por isso as eleições são tão importantes.

— O PCE vai participar das eleições, João?

— Nossa turma do trabalho simulou uma eleição. Nosso partido está, teoricamente, espalhado por vários estados do Brasil e, assim, vamos apresentar candidatos a todos os postos. Vamos fazer convenções partidárias para escolher os candidatos a deputado federal e senador. Como todo mundo sabe, Senado Federal e Câmara dos Deputados compõem o Congresso Nacional, o detentor do poder Legislativo no âmbito federal.

Com a bola no pé e a urna na cabeça **69**

Blog do Barbeiro

A Câmara dos Deputados é composta de 513 deputados federais, e o número de representantes de cada estado depende da sua população. O cálculo da quantidade de deputados por estado é feito a partir dos dados do número de habitantes do país que consta do último Censo dividido por 513. O resultado nos dá o quociente populacional estadual (QPE),. Dividindo-se o número de habitantes do estado pelo QPE, tem-se o número de deputados federais possíveis para aquele estado. Contudo, nenhum estado pode ultrapassar 70 deputados federais nem ter menos do que 8 deles. Quando isso acontece, as vagas são redistribuídas dos estados mais populosos para os menos populosos.

Já o Senado Federal é formado por 81 senadores, sendo três de cada um dos 26 estados mais três do Distrito Federal.

Observe que os deputados federais representam a população, e os senadores representam as unidades da federação

Entre outras tarefas, cabe ao Congresso Nacional propor, discutir, votar e aprovar as leis que regem o cotidiano de todos os brasileiros. As leis aprovadas pelo Congresso Nacional, assim como as aprovadas pelas Assembleias estaduais e pelas Câmaras municipais, mexem diretamente com a nossa vida em

sociedade. Por isso, é extremamente importante refletir bem sobre quem iremos eleger para cargos tão importantes!

O Poder Legislativo é o mais importante poder da República e, por isso, precisa de um cuidado maior do cidadão. Ele pode

- ✓ destituir o presidente da República com um processo chamado *impeachment*;
- ✓ dar a última palavra nos projetos apresentados pela Presidência da República;
- ✓ derrubar o veto do presidente a projetos aprovados no Congresso;
- ✓ aprovar mudanças da Constituição por meio de Projetos de Emendas Constituicionais, as PECs;
- ✓ aprovar o orçamento do governo, isto é, quanto o país vai poder gastar no ano seguinte.

— Chavoso, João! Nunca soube que eles tinham tanto poder. E na eleição, a gente nem presta muita atenção em quem vota. Duvido que se a gente fizer uma enquete na praça em frente a nossa escola as pessoas se lembram em quem votaram para deputado...

— E tem mais, Laura: eles não respondem por crime de opinião, ou seja, têm a liberdade de falar o que quiserem; recebem salário, passagens de avião, ajuda de custo, moradia...

— Espera um pouco! Quanto ganha um deputado federal ou um senador?!?

— Laura, precisamos ensinar para as pessoas que não devem perguntar "quanto um deputado ou senador ganha". Temos de perguntar quanto eles custam! O Congresso Nacional custa uns R$ 14 bilhões por ano!!! É um dos legislativos mais caros do mundo. E advinha de onde sai essa grana?

— Do nosso bolso, é claro, através dos impostos que pagamos.

— É por isso que muita gente quer ser deputado federal... E ainda tentam se reeleger eternamente, às vezes buscando passar seu eleitorado de pai para filho...

— Não vamos generalizar, Laura. Tem gente comprometida com o interesse público. Contudo, o Congresso Nacional é uma caixa de ressonância, reflete o que o povo pensa e quer. Por isso, mais do que nunca é preciso saber quem estamos pondo lá com nosso voto para tomar decisões em nosso nome!

— Da hora! Já ia esquecendo de lhe dizer, Laura, que o voto para deputado estadual, federal, distrital ou mesmo para vereador é proporcional, não ganha o que recebeu mais votos! O número de eleitos é proporcional ao total dos votos que o partido recebeu. É meio complicadinho... Já no caso dos senadores, são eleitos os que tiveram mais votos. Não esqueça que todo estado e o Distrito Federal elegem três senadores. De um terço e dois terços.

COBRE AÇÃO dos parlamentares por meio das mídias sociais.

— Como assim!?!?

— O mandato de deputado é de 4 anos e o do senador é de 8. Assim, a cada quatro anos elegemos ora um senador, ora dois. Todos ficam lá oito anos. Cada um deles custa uns R$ 140.000,00 por mês. Têm planos de saúde famíliar nos hospitais de ponta, assistência odontológica e outras regalias. Além de carro e um batalhão de assessores e dois <u>suplentes</u>. Estes, em geral, são pessoas ricas que bancam a eleição do titular e em troca assumem o mandato por um período. Tipo, assim, toma-lá-dá-cá...

> **Suplente** é uma pessoa que substitui outra que, por algum motivo, não pode exercer seu cargo.

— E deputado tem suplente, João?

— O suplente de deputado sai da bancada ou da coligação que o elegeu. Não há suplentes individuais. Só não se esqueça, Laura, de que todas as despesas do Legislativo saem do nosso bolso! Mais uma razão para ficarmos de olho!

Fique por dentro!

Visite o endereço eletrônico

<https://impostometro.com.br/>

e acompanhe *online* a arrecadação de impostos para o governo do Brasil.

Aproveite e fique por dentro de quanto a CBF arrecada. Ela tem um portal que mostra todos os seus balanços. Visite o endereço eletrônico

<https://cbf.com.br/a-cbf/balancos/balanco-da-confederacao-brasileira-de-futebol#.WvekoaQvzIU>,

assim como o das federações estaduais em

<https://cbf.com.br/a-cbf/balancos-federacoes>.

Máquina pública

No momento em que se faz a comparação da máquina do governo brasileiro com a de outros países, logicamente que a melhor comparação é a que é feita com países onde a democracia existe há mais tempo, pois são democracias mais maduras, como se diz. Além disso, nesses países a participação política consciente é muito maior do que a nossa.

Participação política também está ligada à educação, mas não no sentido de "tirar boa nota na escola"; educação aqui tem o sentido de as pessoas entenderem como as coisas funcionam, e esse entendimento deve fazer parte do nosso dia a dia, parte do compromisso de construir com outros uma sociedade melhor, uma sociedade mais aberta, uma sociedade mais democrática, mais humana. Os partidos políticos mostram caminhos para que a gente coloque isso em prática. Bom, mas então por que há tanto partido? Porque, logicamente, cada grupo de pessoas que formam o partido tem uma visão diferente da sociedade. Mas isso é bom ou é ruim? Isso é bom, muito bom, porque obviamente com várias versões, várias opiniões, várias maneiras de se ver as coisas, os cidadãos podem escolher aquela que mais se aproxima do que pensam, daquilo que eles acham que é bom para o seu país, para sua comunidade, enfim, para o seu dia a dia, para o seu cotidiano.

A máquina do governo é uma máquina burocrática. Nos países democráticos, ela tem pouca gente "pendurada", e, quando o cidadão chega a fazer parte dela, ele chega por mérito. A isso chamamos *meritocracia*, ou seja, um sistema em que as pessoas estudam, se esforçam, prestam concurso público difícil e, depois de aprovadas, vão fazer parte da máquina do governo.

A estrutura da máquina administrativa do governo brasileiro, a maneira de se organizar a burocracia, vem da época de Getúlio Vargas. Em outros países, se o cidadão que faz parte da máquina do governo não está trabalhando bem, ele é demitido – não há estabilidade como no Brasil – se a pessoa não deu certo naquela posição, vamos colocar outra no lugar. Agora, aqui no Brasil para você demitir alguém que faz parte da máquina é muito difícil, mas muito difícil mesmo – abre-se um processo interno, aí entram os amigos, entram os apaniguados políticos e tudo mais, e os indicados políticos muito frequentemente se encostam lá e não trabalham. Não estamos dizendo que os funcionários públicos não trabalhem: eles trabalham, mas alguns não, assim como se recusam a serem avaliados. Ora, você conhece alguma empresa em que o funcionário não é avaliado? Claro que não! Todos precisam ser avaliados! Todo cidadão tem o direito de avaliar o serviço público que recebe, porque é ele que paga o salário dos servidores públicos.

Em última análise, somos nós, os contribuintes, os cidadãos, que pagamos o salário de todos os servidores públicos – desde o presidente, vice, governador, prefeito, senadores, deputados, vereadores. Pagamos também o salário do delegado de polícia, do coronel da Polícia Militar, do soldado, do PM, do cidadão que atende no posto de saúde... Todos esses profissionais são pagos por nós, por nossos impostos. Ora, se somos nós que os pagamos, então nós temos o direito de avaliar se o trabalho que recebemos em troca é bom ou se o trabalho é ruim.

É preciso acabar com o corporativismo, com o acobertamento brasileiro, em que há casos de servidores que se "encostam", batem apenas o ponto e não prestam serviço, não fazem jus ao que recebem, enquanto tantos outros de seu departamento cumprem com seu compromisso de trabalho.

Pesquise

- Quantos funcionários de confiança o presidente dos Estados Unidos pode nomear? E o presidente do Brasil?
- Quantos funcionários públicos estão na ativa em seu estado e quantos deles são comissionados, ou seja, indicados e não concursados?

As pessoas que participam da máquina, sem concurso, exercem os chamados cargos de confiança. Não sendo concursados, possivelmente chegam ao cargo sem habilitação, sem sabermos se são competentes ou não. É preciso parar com isso, ou seja, as pessoas devem ser contratadas e respeitadas de acordo com a sua capacidade, assim como é preciso acabar com o corporativismo: se o cidadão está trabalhando bem, ele fica; se não... "desculpe, mas o senhor vai ter de arrumar outro emprego e não vai poder continuar aqui".

A máquina pública é imensa, é gigantesca, é gente que não acaba mais – e é por isso que boa parte dos nossos impostos é consumida por ela. Essa máquina consome tanto que sobra muito pouco no caixa do governo para que se façam investimentos em ferrovias, portos, estradas, infraestrutura, entre outros, pois o governo fica sem dinheiro.

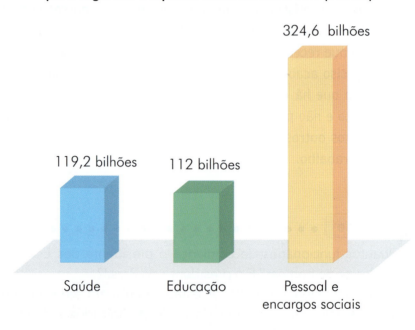

BRASIL – Orçamento estimado para algumas despesas federais em 2018 (em R$)

- Saúde: 119,2 bilhões
- Educação: 112 bilhões
- Pessoal e encargos sociais: 324,6 bilhões

Fonte: BRASIL. Ministério do Planejamento, Desenvolvimento e Gestão. Secretaria de Orçamento Federal. *Orçamentos da União exercício financeiro 2018:* projeto de lei orçamentária. Brasília, 2017. 6v.

Fique por dentro!

Visite o endereço eletrônico

www.planejamento.gov.br

e confira os dados das despesas do orçamento anual.

78 Com a bola no pé e a urna na cabeça

Quem manda em quem?

— Hoje vamos entrar na discussão de quem manda em um time de futebol. De cara quero dizer que no nosso clube vai prevalecer a cláusula democrática, isto é, todo mundo que for sócio vai ter direito de eleger a diretoria.

— Mas para ficar claro na cabeça de todos, Laura, acho melhor você explicar também como os clubes de futebol brasileiro são governados.

— Huuumm, vou procurar ajuda com quem entende.

Blog do Gustavo

Existe uma estrutura bem definida no futebol brasileiro. Como toda associação, tem um estatuto (normas e regras sobre gestão, governança e propósito).

As equipes ou os times, assim como os atletas praticantes de uma modalidade desportiva, podem se organizar em Federações Estaduais, que por sua vez podem se reunir e se fazer representar por Confederações Nacionais. Da mesma forma, há a possibilidade da criação de Ligas, constituídas com finalidade de organizar, promover ou regulamentar competições nacionais ou regionais, envolvendo atletas profissionais. Equiparam-se às entidades de administração do desporto.

A CBF representa nacionalmente as Federações Estaduais desse esporte, que por sua vez representam os times de futebol de cada estado a elas filiados.

Para que seus times e/ou árbitros possam participar das competições nacionais, a federação deve se filiar à CBF.

Os representantes das federações são eleitos pelos clubes filiados e os representantes das federações elegem os dirigentes da CBF.

Os dirigentes da CBF escolhem seus representantes na Confederação Sul-americana de Futebol – Conmebol e Federação Internacional de Futebol – FIFA.

— A estrutura política do futebol se diferencia um pouco da política nacional, porque para se formar um partido é necessário que ele tenha filiados em, pelo menos, determinado número de estados.

— É interessante você levantar esse tema, João, porque mesmo dentro de um clube existem chapas (partidos) que têm propostas totalmente opostas e com linhas de gestão muito diferentes, assim como os partidos políticos. Em algumas Federações e Confederações de Futebol ao redor do mundo, às vezes o presidente continua por vários mandatos... No fundo, todos querem se manter no poder, seja na política ou na política dentro do futebol!

— Algumas vezes o futebol usa a política, Laura, e em outras a política usa o futebol... Você se lembra de nossa aula de História em que o professor nos contou a respeito da relação entre política e futebol, quando na época militar o governo Médici (1966-1971) promoveu uma associação entre a imagem da seleção brasileira e o governo militar?

Fique por dentro!

Conheça mais sobre a relação política e futebol em determinados períodos da história do Brasil acessando o endereço eletrônico:

<https://www.huffpostbrasil.com/gabriela-costa/a-estreita-e-historica-relacao-entre-futebol-e-politica_a_21670047/>

Com a bola no pé e a urna na cabeça

Justiça a nosso favor

— O "guardião" da Constituição é o Supremo Tribunal Federal, instância máxima ou grau máximo do nosso sistema judiciário, Laura.

— Instância máxima?!?! Tem instância mínima também, é?

— O sistema judiciário brasileiro tem mais de uma instância ou grau. Na primeira instância é onde inicialmente os processos são julgados; na segunda, são analisados os recursos que questionam as decisões da primeira instância; acima da segunda existem os tribunais que estão situados em Brasília, como Superior Tribunal de Justiça – STJ, Tribunal Superior do Trabalho – TST, Tribunal Superior Eleitoral – TSE, Superior Tribunal Militar – STM e Supremo Tribunal Federal – STF.

— Quanto tempo leva para terminar um processo, João?

— Os políticos aprovaram leis que, como resultado, podem fazer com que alguns processos se arrastem por muitos anos, outros prescrevem, outros ainda são atenuados porque os condenados têm mais de 70 anos e por aí vai. O Supremo originalmente deveria cuidar só da Constituição, porém, com o advento do foro privilegiado, muitas autoridades só podem ser julgadas lá.

— Foro o quê?!?!

— Privilegiado! Na verdade, isso quer dizer que algumas pessoas, em função de seu cargo, não são julgadas pelos mesmos tribunais de primeira instância, como todos nós, mas só pelo STF.

— Huuumm... parece que por aqui temos cidadãos de primeira classe e os demais!

Pesquise

O deputado de sua escolha:
- É favorável ao fim do foro privilegiado?
- É contra ou a favor da convocação de nova Assembleia Constituinte?
- É contra o trabalho voluntário de vereadores em pequenas cidades?
- É contra ou a favor da diminuição da maioridade penal?
- É favorável ao fim da reeleição para o mesmo cargo político?

Pense nisso!

- "Você pode enganar algumas pessoas o tempo todo ou todas as pessoas durante algum tempo, mas você não pode enganar todas as pessoas o tempo todo." Você acha que esse pensamento de Abraham Lincoln (1809-1865), 16.º presidente dos Estados Unidos, se aplica também aos políticos brasileiros?

— No futebol, João Vítor, temos o Tribunal de Justiça Desportiva – TJD, que é o órgão administrativo que discute e aplica a legislação desportiva em nível estadual no Brasil. Cada estado possui o seu próprio TJD, cujas decisões podem ser questionadas por meio de recurso ao Superior Tribunal de Justiça Desportiva – STJD. O STJD é órgão autônomo, previsto no Código Brasileiro de Justiça Desportiva, custeado pela Confederação Brasileira de Futebol – CBF, que discute as legalidades do futebol no Brasil e julga os acontecimentos do esporte.

Blog do Gustavo

  Quando as pessoas falam que durante o jogo o *juiz* deu um cartão vermelho ao jogador, estão cometendo um engano, porque quando um juiz decide alguma coisa, ele considera as atitudes anteriores àquela ação que ele está julgando e como a decisão dele poderá ajudar ou prejudicar a pessoa julgada no futuro.

  O *árbitro* de futebol só pode analisar o lance em questão como se fosse uma fotografia. Ele precisa decidir se foi falta ou não. Se foi, tem de marcar; se não, deixar o jogo continuar. Se um jogador que já teve cartão amarelo no jogo cometer uma segunda falta grave no mesmo jogo, ele deverá ser expulso. O árbitro não pode expulsar um jogador porque avaliou os jogos anteriores e sabe que ele sempre faz entradas fortes ou perdoá-lo porque ele é "bonzinho" em campo. Se ele fizer isso, não estará agindo como árbitro e sim como juiz, o que não é correto em um jogo de futebol.

  Em resumo, o árbitro analisa o momento, a "foto". Já o juiz deve considerar o passado, o ato cometido e as possíveis ações futuras decorrentes da sua decisão.

GINES ROMERO/SHUTTERSTOCK

Amor pela "camisa"

— Normalmente a pessoa joga futebol porque gosta do esporte, da atividade ou tem algum tipo de prazer nisso. E quando quer e consegue ser profissional, em geral, é porque é apaixonado por futebol.

— Laura, eu tenho a impressão de que ser político deve ser um vício, porque parece que quando a pessoa é eleita ela faz tudo para não deixar o cargo. Em uma eleição estão num partido; noutra, em outro... E tem até aqueles que se associam com pessoas que sempre criticaram! Na minha forma de ver, acho meio hipócrita esse tipo de comportamento. Parece que existe uma obsessão pelo poder, pelos benefícios que ser político traz e também, para muitos, pelo dinheiro que podem ganhar. Será que estou completamente errado com esse pensamento?

— Na realidade uma pessoa deveria ser político porque tem um ideal maior, uma vontade de construir uma história melhor para o país em que nasceu e onde seus filhos estão crescendo.

— Mas no futebol também. Infelizmente, não vemos mais os jogadores apaixonados por seus times, que jogam quase toda a sua vida pelo mesmo time. A maioria são jogadores que "não têm camisa", jogam pelo time que pagar mais para que ele use a sua camisa. A maioria dos jogadores profissionais não tem uma identidade com o clube. Em todo esse processo, às vezes perdem a paixão pelo futebol, o treino passa a ser um sacrifício e os resultados deixam de acontecer.

Pense nisso!

- Por que um jogador profissional troca de clube como os políticos trocam de partido?
- Onde está o significado de "jogar por um clube"?
- Por que o clube não tem importância ou significado para o jogador (ou o partido para o político)?
- O que os clubes precisam fazer para dar um significado a seus jogadores para que eles não saiam?
- Você considera o principal jogador mudar de clube por dinheiro uma falta de respeito para com o time? Por quê?

— Um político deveria querer trabalhar por um país em que todos pudessem se desenvolver, ter saúde, educação, segurança, trabalho, oportunidades para empreender de forma mais ou menos igual, com, pelo menos, oportunidades semelhantes para todos. É claro e importante mencionar que sempre existirão diferenças de talento, conhecimento, cultura e oportunidades (e um pouco de sorte também!). E o político deveria pensar em como conquistar isso não só para os descendentes dele, mas principalmente para todos os que vivem na sua cidade, no seu estado, no Brasil.

— Seria bom os candidatos se prepararem, né, João, saber que habilidades e competências ele precisa ter para fazer um bom trabalho, assim como um jogador de futebol deve saber chutar com pontaria, com os dois pés, saber driblar, roubar a bola, saber correr...

— Da hora! Tem cada candidato despreparado, só com a vontade de ser eleito... O político deveria se preparar bastante para ser uma pessoa capaz de fazer a diferença!

— Assim como o clube prepara o jogador?

— É, Laura, mas em geral não existem partidos que preparam políticos dentro de um ideal político. Talvez os partidos que mais façam esse tipo de trabalho sejam os partidos radicais, de extrema-esquerda ou de extrema-direita. Muitas vezes, esses partidos mais extremistas dão uma formação radical para os seus partidários, sendo rígidos na

MATIMIX/SHUTTERSTOCK

cobrança e, por vezes, no final, utilizam de todos os recursos financeiros, até mesmo via corrupção, força militar ou paramilitar, para se manter no poder. Esse tipo de coisa acontece tanto nos governos de extrema--esquerda quanto os de extrema-direita, Laura! Vamos mudar um pouco de assunto e me diz como funcionam as competições no futebol.

— Antes de competir no futebol, é importante aprender a jogar. Parece óbvio, né?! Para poder jogar é preciso treinar. Então antes de jogar, as pessoas precisam aprender a treinar. Quando aprendem a treinar elas devem aprender a treinar para jogar. Quando aprendem a jogar, elas devem treinar para ganhar, mas sempre devem saber que perder faz parte do jogo, e devem se aperfeiçoar. Fazer uma avaliação crítica do que você está fazendo em cada momento do treino e do jogo é o que faz um jogador ter excelência no que faz, dentro e fora do campo.

Com a bola no pé e a urna na cabeça **87**

Dos diferentes níveis de competição no futebol, três merecem destaque: escolar, universitário e profissional.

✓ **Futebol escolar** — antigamente existiam várias competições escolares, regionais, estaduais e nacionais, mas houve mudanças no currículo escolar, fazendo com que a carga horária da disciplina Educação Física diminuísse com o passar do tempo e, consequentemente, houve uma diminuição do interesse na prática esportiva. Lamentavelmente, a maioria das pessoas também não faz atividade física fora da escola e o sedentarismo cria condições para que elas se tornem obesas, com maior risco de desenvolver outras doenças, como, por exemplo, problemas cardíacos e depressão.

✓ **Futebol universitário** – praticamente não existem competições universitárias no Brasil quando comparamos com a quantidade das que acontecem nos Estados Unidos, por exemplo. Falta-nos uma política de formação tanto no esporte amador como no profissional. Poucas pessoas sabem o que é o alto rendimento esportivo! Nem nos clubes, pouco nas federações e pouco nas confederações. Temos um problema de gestão no esporte que é triste. Conseguimos medalhas porque temos grupos e profissionais determinados, como treinadores e atletas que muitas vezes bancam do seu próprio bolso a compra de equipamentos e viagens para tentar uma melhora do rendimento do atleta!

✓ **Futebol profissional** – de todos os jogadores, cerca de 1% deles consegue chegar ao esporte profissional! Destes, apenas 1% consegue ir para times internacionais e nos times profissionais internacionais somente 1% de todos os jogadores têm salários como Neymar, Cristiano Ronaldo, Messi e outros poucos.

MONKEY BUSINESS IMAGES/SHUTTERSTOCK

— João, uma pergunta: na política, como as pessoas aprendem a ser políticos?

— Huuumm, pergunta complicada.

— A gente aprende a fazer política na praça do bairro. Quando a gente encontra outras pessoas, troca ideias, opiniões, fica sabendo o que acontece no bairro, está fazendo política. A palavra vem de *polis*, que em grego quer dizer cidade, porém não no sentido apenas de moradia, mas de uma comunidade organizada. Assim, o primeiro passo é conversar com pessoas, depois frequentar reuniões aqui na escola, na sociedade amigos de bairros, palestras... Depois acompanhar o noticiário político na mídia: pode ser no celular, jornal, na revista, enfim saber o que está acontecendo nos governos da cidade, do estado e do nosso país. Ainda, se quiser, pode se filiar a um partido político.

— João, e como funcionam as competições na política?

— As competições na política são as eleições municipais, estaduais e federais, Laura.

— A falta da prática política também causa doença cardíaca e depressão, né??? kkkk

— É simples, Laura: quando não temos consciência no processo de escolha dos políticos, colocamos gente incompetente no poder e acabamos sofrendo de estresse, ansiedade e depressão por causa das más decisões dos políticos que elegemos para nos representar nas Câmaras municipais, na prefeitura, nas Assembleias estaduais, no governo, na Câmara federal, no Senado e na Presidência da República! Se elegemos pessoas erradas ou em troca de algum benefício imediato, como, por exemplo, o "voto de cabresto", que é quando uma pessoa vota em função de um favor recebido pelo político, para benefício próprio..., estamos criando um grande problema para nós mesmos e também para todos os brasileiros, porque acabamos escolhendo políticos sem preparo e que, muitas vezes, terminam por corromper outras pessoas.

— Então, é como se eu colocasse uma pessoa que nunca jogou futebol para competir pelo meu time?!?!

— Isso mesmo! Imagine que você tenha apoiado essa pessoa porque ela prometeu ou lhe deu uma camiseta. Que grande besteira! É como se o dirigente do seu time contratasse um amigo (sem nenhum preparo!) por quatro anos para jogar pelo seu time só pela camiseta que ele vai lhe dar! Você ganha uma camiseta, mas o seu time vai ter de pagar o salário desse jogador incompetente por quatro anos sem que ele faça nada pelo seu time!!! Você acha certo?

— Noooossa... Então... Como vamos escolher os políticos?

— Do mesmo jeito como são escolhidos os jogadores de futebol para ir para um clube profissional! Normalmente os jogadores passam por várias "peneiras" para chegarem a treinar em um clube profissional – eles devem se preparar, ir para escolas de futebol ou clubes e treinar para se destacarem nos pequenos times para conseguirem participar das "peneiras". Nos clubes, eles continuam trabalhando e devem aprender a treinar e a jogar! Em geral, começam a jogar em pequenos clubes, vão apresentando os resultados e passam a participar dos campeonatos regionais e estaduais sub-10, para jogadores com idade inferior a 10 anos, sub-12, sub-15, sub-17, sub-20, equipe profissional, seleção nacional. Em cada fase da vida do jogador ele vai sendo avaliado; na realidade, a cada jogo ele deve provar que é competente para continuar jogando no time e na posição que ocupa, e deve melhorar cada vez mais, porque sempre tem mais um ou dois reservas querendo a posição dele dentro do time! No mundo político não é assim, não é?

— IIIh... tô começando a pensar que no mundo da política tá tudo errado! Você sabia que tem jogadores de futebol que se candidataram e se elegeram? Mas ser atleta é muito diferente de ser político, Laura! São duas coisas totalmente diferentes. Para ser jogador você precisa de preparo físico, técnico, tático e psicológico e de preferência ter algum talento para chegar a ser um bom jogador profissional. Para ser um bom político você também precisa ter conhecimentos, como, por exemplo, saber qual é o papel do político na sociedade, como fazer e apresentar leis, entender como essas leis podem ajudar a população a ter uma qualidade de vida melhor, saúde, educação, segurança, transporte, trabalho e lazer; precisa ter noções de economia (micro, macroeconomia e economia internacional); noção de práticas políticas, negociação, conhecer a história brasileira... e é importante que também tenha conhecimentos de gestão pública para que possa fiscalizar o que o chefe do Poder Executivo (prefeito, governador e presidente) está fazendo; deve ter noções de direito público e privado também. Não dá para "chegar lá" sem nenhum preparo, porque senão pagaremos um político por quatro ou oito anos (se for senador), e NÃO É POUCO o que se paga por eles!!!, para não fazer nada pela população.

> É importante acompanhar
> o que fazem os políticos locais,
> como os vereadores,
> para saber como estão trabalhando,
> quantas leis estão propondo por ano,
> que tipo de leis,
> a quem interessa essas leis,
> ou melhor, quem vai se beneficiar
> das propostas que eles estão fazendo!

— Um político não é checado a cada jogo como um jogador! Mas deveria, porque ele está propondo leis que deveriam ajudar a governar o nosso país e melhorar as condições de vida da população. Se a gente não exigir que os políticos defendam nosso interesse em cada sessão de que eles participem, estamos deixando uma pessoa sem competência, sem nunca ter chutado uma bola, jogar na seleção do nosso time ou na seleção brasileira... imagina o estrago que ela vai fazer!!

— É isso mesmo!

— Imagina o que aconteceria? O que a torcida não faria com os "jogadores"... elogiar é que não iria...

— Mas ninguém faz isso com os políticos! Ninguém acompanha a carreira deles. Ninguém vê os vereadores da cidade, quantas leis propuseram, o que fizeram pela população, que benefícios trouxeram para a cidade, que história deixaram que poderá ter continuidade...

— Então, temos de pensar que cada sessão do Legislativo é um jogo? Essa seria a melhor forma de pensar?

— Isso mesmo! Temos de ver quem está presente nas sessões, se ajuda a questionar a utilidade das leis ou se somente está lá para receber um salário e fazer leis que beneficiam os grupos (empresas, sindicatos, igrejas etc.) que ajudaram a financiar sua campanha e a elegê-lo.

— Bom, pelo que entendi, a gente deveria ir nos jogos de base ou sub-12 para começar a acompanhar os jogadores e depois, se eles tiverem talento, quando chegarem ao sub-15, podem ir para um time profissional de base. Fazendo uma comparação, a gente deveria ir nas sessões legislativas (na Câmara de Vereadores, Assembleia Legislativa, Câmara dos Deputados e no Senado) para acompanhar o que e como os políticos estão trabalhando

— Exatamente isso, mas você não precisa ir lá se não quiser ou se não puder, porque temos canais de TV abertos, que ficam transmitindo quase o tempo todo notícias do Legislativo regional, estadual e federal, e ainda por cima temos a internet que permite acesso a todas as informações dos políticos, de tudo que eles fizeram, quanto gastaram, quantas vezes faltaram às sessões...

Blog do Gustavo

Vários *sites* na internet buscam valorizar o trabalho de parlamentares que cumprem seu papel com afinco. Um deles é o *Ranking dos Políticos* no endereço eletrônico a seguir:

http://www.politicos.org.br/

Para compor o *ranking*, são usados seis critérios diferentes:

- ✓ presença nas sessões;
- ✓ privilégios;
- ✓ participação pública;
- ✓ processos judiciais;
- ✓ qualidade legislativa;
- ✓ outros (detalhes adicionais).

Vale mencionar que os critérios adotados para a formação de cada item desse *ranking* são subjetivos e, portanto, passíveis de discussão. Cabe ao leitor conhecer os indicadores adotados e avaliar se eles são suficientes para um bom julgamento dos políticos.

O *site Repolítica*, no endereço eletrônico abaixo, surgiu para tornar mais simples o trabalho de encontrar políticos que tenham visões semelhantes sobre temas da nossa política:

https://repolitica.com.br/

_____

* Acesso em julho de 2018.

É uma verdadeira enciclopédia sobre os políticos brasileiros, criada para reunir em um só lugar informações importantes sobre nossos representantes e ajudar o eleitor a acompanhar seus candidatos, avaliá-los e decidir seu voto, sem ficar refém da propaganda política. A maior atração do *Repolítica* é o teste de compatibilidade, que revela quais são os candidatos com quem você possui maior afinidade de pensamento. Os autores do *site* recomendam que o teste seja feito para encontrar candidatos do Legislativo: deputados, vereadores e senadores. O teste é menos eficaz no caso de candidatos a governador, prefeito e presidente.

O *Atlas Político* apresenta informações em formatos visuais sobre os parlamentares brasileiros da esfera federal. Confira em:

http://www.atlaspolitico.com.br/

O objetivo do *Atlas* é revelar quem é quem no Congresso Nacional. O resultado das pesquisas dos autores é o interessantíssimo mapa do Congresso, em que todos os deputados e senadores são posicionados em um plano cartesiano com os eixos esquerda-direita e governo-oposição. Assim, você pode descobrir se o seu candidato tem adotado posições favoráveis ou desfavoráveis ao governo, além de posições associadas à esquerda ou à direita políticas.

O mapa do Congresso também é muito interativo. O usuário pode filtrar os parlamentares por partido e por estado de origem. Outra opção de filtragem é por bancadas parlamentares, que são aqueles arranjos informais de parlamentares entusiastas de certas causas políticas (exemplos: bancada a favor da redução da maioridade penal, bancada da reforma política, bancada evangélica etc.).

No futebol também conseguimos fazer a avaliação das equipes em vários endereços eletrônicos. Entre eles:

https://www.cbf.com.br/futebol-brasileiro

http://www.goal.com/br/competi%C3%A7%C3%B5es

http://www.campeoesdofutebol.com.br

https://www.ranker.com/tags/soccer?ref=mainnav
(*site* em inglês, com todos os jogadores e times do mundo)

http://www.espn.com/espn/feature/story/_/id/21589590/fc-100-best-men-players-managers-world-football#!
(outro *site* em inglês, com os melhores treinadores e jogadores por posição do mundo)

http://www.worldsoccer.com/
(*site* em inglês, sobre o futebol mundial)

— No futebol sempre é possível identificar as melhores equipes não é?

— São feitas várias avaliações dos jogadores, treinadores, número de gols, faltas, pênaltis, bolas roubadas etc. Dessa forma, João, se consegue fazer um monitoramento por jogo do que acontece com cada jogador, cada time e o seu rendimento. Todo esse procedimento se chama *scouting* do futebol. É uma avaliação do desempenho da equipe.

Pense nisso!

- Se imaginarmos que os jogadores são os políticos, podemos considerar que o partido é uma equipe?
- Que fatores são importantes para ser um bom partido político?
- Como fazer uma escala de avaliação de um partido?
- Existem melhores partidos, assim como existem melhores equipes de futebol?

EVGENY ATAMANENKO/SHUTTERSTOCK

Tem gente nova na galera!

— A gente estava falando de novos jogadores com talento que não têm muita chance na equipe...

— Da mesma forma, existem novos políticos que não têm chances no partido... Fazer carreira política no país como político novo é extremamente difícil, Laura.

— Por que isso, João?

— Porque os partidos estão sempre nas mãos dos políticos velhos, e velhos aqui não significa pessoas com muita idade, mas sim com a cabeça velha, comprometidos com interesses particulares e não com interesses públicos, não com políticas públicas. Estando o partido nas mãos deles, eles fecham a passagem para que novos políticos não apareçam dentro do partido.

Blog do Barbeiro

Observe os partidos políticos e veja se você consegue identificar um político novo, alguém novo que fez carreira rapidamente, e depois pôde aparecer no partido, pôde discutir, pôde expor as suas ideias. É muito difícil, realmente muito difícil, e também, para começar como político novo, a pessoa precisa não só de apoio econômico, mas também de apoio da comunidade.

É possível criar um político novo? Claro que é possível, desde que a gente descubra pessoas honestas, comprometidas com o interesse público, e que ajudemos essas pessoas a se elegerem. Nós não estamos acostumados a ajudar políticos, mas nós precisamos ajudar os políticos novos comprometidos com o interesse público. Esse é um trabalho voluntário que deve ser feito sem esperar um benefício particular em troca. Se ajudarmos esperando receber alguma coisa em troca para nós, estaremos, na verdade, mantendo a política antiga.

Há vários exemplos de países em que as pessoas que atuam nos partidos políticos são voluntárias. Elas estão lá porque acreditam no discurso do político, no programa que ele está apresentando, e o político sabe que vai ser cobrado o tempo todo. Não é porque, depois de eleito, ele se tornou uma "Excelência" que não será mais cobrado: é preciso fiscalizar aquele que nos representa, especialmente quando um político é novo, é uma pessoa que a gente identifica na comunidade, uma pessoa que a gente pode encontrar na rua, na padaria, na reunião da escola, em uma solenidade. Oportunidades para que ele explique o que está fazendo.

Sem políticos, sem partidos políticos, não se tem democracia, se bem que o inverso é verdadeiro: em países onde não há democracia, em que o povo está submetido a uma ditadura, podem existir partidos políticos.

Se queremos consolidar a democracia em nosso país, todos nós deveremos aprender política e ajudar a eleger pessoas que tenham ideias relevantes para o Brasil e sua população.

> **Pense nisso!**
>
> A frase a seguir é do escritor francês Honoré de Balzac (1799-1850): "O poder emana do dinheiro e em seu nome será exercido". Você concluiria que a democracia pode ser afetada pela falta de dinheiro? Converse com seu grupo de trabalho a respeito.

Corrida maluca

Ele entrou para correr com os outros pilotos no famoso autódromo. Era tão bom de competição que tinha sido apelidado pela torcida de Pintacuda, uma homenagem ao corredor italiano que tinha vencido o grande prêmio de automobilismo da Gávea. Antes de se aventurar na pista, tinha treinado dirigindo ônibus da empresa municipal de transporte coletivo.

APPLEZOOMZOOM/SHUTTERSTOCK

No momento em que alinhou sua velha carreteira ao lado de possantes carros, entendeu que a corrida tinha sido perdida. Não tinha as mesmas condições de competir com os demais. Talvez, por isso, corrida de carros e de outros veículos nunca tenha sido incluída nos Jogos Olímpicos. Não basta treino, esforço pessoal, dedicação, objetivo. É preciso ter o melhor equipamento. Ganha quem tiver mais dinheiro para investir em novas máquinas, engenheiros, desenhistas, mecânicos, assessorias de *marketing* e imprensa, além de um ótimo piloto, é claro. O fato é que em uma competição como essa fica clara a disparidade entre os concorrentes. Vai vencer quem tiver mais recursos e não apenas habilidade. Com isso não há condições de novos pilotos se projetarem. Os desafios para os novatos são enormes, como se corressem uma maratona com uma bola de ferro presa nos pés. Essa é, mais ou menos, a situação dos novos candidatos aos cargos eletivos no nosso país.

Usar a "máquina" a favor da reeleição dos candidatos é visto como uma ação natural e que não impacta o conceito de República, onde todos são iguais perante a lei. Os que detêm as rédeas da máquina usam-na com a maior naturalidade, sem que sejam incomodados nem pela Justiça Eleitoral nem pelos cidadãos pagadores de impostos.

Poucos são os indignados com isso. O vice-governador esperou quatro ou oito anos para chegar sua vez de usar a máquina. Esperou por dever de fidelidade com o titular. Este deixa o governo estadual para disputar outro cargo. O vice assume no seu lugar e imediatamente começa a campanha para a sua eleição. Se der tudo certo, pode ficar até oito anos no governo estadual. Abre espaços na máquina administrativa para os seus **acólitos**, afasta os anteriores, desloca verbas para projetos que podem ajudar na eleição, usa tudo o que pode para se mostrar aos eleitores. Com isso, os demais candidatos ficam em desvantagem. Mesmo se surgir um Pintacuda. Quem pode contra a máquina do estado que tem nos cofres os trocados que os prefeitos humildemente pedem de pires nas mãos? Nessa competição há duas largadas: a primeira, para o dono da máquina que dispara bem antes do sinal ser dado para os demais; a segunda, para os outros candidatos. Por que os outros candidatos não desistem dessa competição desigual ainda não foi objeto de estudos científicos...

> **Acólito**, palavra que vem do grego, significa aquele que acompanha, ajuda, patrocina, favorece ou assiste outra pessoa.

É a regra do jogo. Quem pode mais chora menos. É o que diz a legislação eleitoral assenhorada pelos "caciques", donos dos partidos. Eles vão usar o fundo partidário e o fundo eleitoral, coisa de uns 3 bilhões de reais para se reelegerem. Vão destinar essa dinheirama tungada do bolso do contribuinte para continuar usufruindo eternamente das benesses dos cargos que ocupam no Senado, na Câmara ou nas Assembleias Legislativas. Muitos estão no meio de seus mandatos, mas arriscam uma nova eleição para um degrau acima. Se perder, não ficam "pendurados na brocha", continuam no cargo anterior. Por isso, vereador ou deputados se arriscam a concorrer ao Senado. A máquina, novamente ela, partidária está a serviço dos "caciques". Vão ter material de propaganda à vontade, espaço no horário eleitoral no rádio e na tevê, publicar anúncios em jornais, contratar marqueteiros, fazer carreatas e contratar um batalhão de cabos eleitorais de toda espécie. Outros que entram nessa competição usam a máquina de sindicatos, centrais sindicais, organizações de toda ordem para poder acelerar na saída e se elegerem. Mais uma vez as portas se fecham para a renovação, para as caras novas, para novas lideranças. É como entrar na corrida de fórmula um pilotando um velho ônibus da companhia municipal.

Na sua opinião

1. Os autores do texto exageraram na comparação de um piloto de corrida com um candidato a cargo público?
2. Na opinião deles, é fácil ou difícil se eleger sem ter o apoio de uma "máquina", seja ela qual for?
3. Todos dizem que usar a máquina pública é legal, mas, na sua opinião, é ético?
4. Discuta com seu grupo de trabalho o que fazer para permitir que novos políticos tenham chance de serem eleitos.
5. Você tem consciência de como funciona o sistema de eterna reeleição no Brasil?

Treino de eleições

— Vamos treinar uma eleição aqui na escola, João? Podemos usar as regras eleitorais para eleger a diretoria do clube de futebol. O que acha?

— Da hora! Podemos pedir urnas eletrônicas emprestadas no Tribunal Regional Eleitoral, as mesmas que pedimos para a eleição da Rainha da Primavera. Não é difícil. Assim o pessoal já vai treinando como se vota em uma eleição para presidente, governador, senador...

— Como vamos fazer a propaganda para as eleições na escola?

— Laura, acho melhor usar e abusar da internet. Quase todo mundo tem celular, só não vale propaganda paga. Vamos criar páginas do *Facebook, Instagram, Twitter, WhatsApp* e outras plataformas gratuitas. Assim, o **impulsionamento** fica fora do jogo porque é pago. Vamos evitar os meios tradicionais de campanha, afinal vivemos no século 21. Pichar muro da escola, nem pensar!!! Vamos usar nossa *webtv* para promover um debate entre os candidatos.

> **Impulsionamento** de postagens nas mídias sociais são mensagens patrocinadas, o que faz com que a mensagem tenha um alcance muito maior nas redes sociais.

— O debate deve ser feito com temas previamente selecionados. Não vale atirar para todos os lados, pois não se chega a lugar nenhum. Ninguém ganha, nem vence debate. Leva quem consegue convencer o adversário. Eu disse adversário e não inimigo! Generalização também não ajuda; assim, não é construtivo dizer que todos os candidatos são corruptos, todos os governantes são ladrões e por aí vai.

— Não ajuda, mesmo, precisa falar isso para a galera.

— Vamos fazer um debate com todos os candidatos, João? Você sabe se nos debates que antecedem as eleições oficiais do Basil todos os candidatos são chamados para participar?

— Isso varia, mas em 2018 a grande mídia tinha o direito de convidar para o debate apenas candidatos cujo partido tivesse pelo menos 5 parlamentares com mandato no Congresso Nacional. Assim, candidatos folclóricos e espertalhões não iriam aparecer em rede nacional de televisão.

— Mas e se um candidato ou uma candidata estiver, por exemplo, bem colocado nas pesquisas eleitorais e não tiver esse número mínimo de parlamentares, ele não seria convidado, João?

— A direção do debate pode convidar, mas se fizer isso todos os outros candidatos entrarão na Justiça Eleitoral para exigir o mesmo tratamento. Olha, tem uma coisa que a gente tem de cuidar na política, que são as promessas de campanha. O candidato, antes de ser eleito, promete fazer um monte de coisa. Depois de eleito, na hora que ele percebe que não vai conseguir cumprir com o prometido, ele põe a culpa

nos governos anteriores: "Mas o cara me deixou um país quebrado, eu não tenho dinheiro para gastar na educação, na saúde etc.".

— Entre os problemas importantes que um político eleito em nosso país vai enfrentar, João, qual será o pior, o mais grave: educação? Saúde? Saneamento básico? Desemprego?

— Hoje temos no Brasil aproximadamente 13 milhões de desempregados. Para se ter ideia da quantidade de pessoas que esse número representa, suponha que colocássemos um desempregado ao lado do outro, com os braços abertos. Sabe o que iria acontecer? Daria uma fila quase quatro vezes maior do que a distância em linha reta entre o Monte Caburaí, ponto extremo norte de nosso país, e o Arroio Chuí, ponto extremo sul do Brasil, que é de aproximadamente 4.300 km.

Pense nisso!

Em sua opinião, qual é o maior problema a ser enfrentado pelos políticos brasileiros, entre tantos problemas importantes?

— Como devem ser as eleições em países com democracia consolidada? Parece que ainda usam o voto impresso e não urna eletrônica.

— Em países ricos e com democracia consolidada, em geral usa-se o voto de papel. Além disso, nesses países, a eleição dura vários dias, o voto é optativo, e as pessoas se oferecem como voluntárias para a contagem.

— Mas por que em alguns deles a cédula é tão grande, João?

— Alguns cargos valem para todo o país, mas outros só para algumas localidades. Além disso, há consulta sobre várias questões. Por exemplo, a cédula poderia ser:

PARA PRESIDENTE DA REPÚBLICA			
\sub 	Mandato de 4 anos Vote em um		
☐	João das Couves	Partido do Alface e da Abobrinha (PAA)	
☐	Maria da Padaria	Partido dos Confeiteiros Malucos (PCM)	
☐	Nenhum desses candidatos		

PARA SENADOR		PARA CONSELHEIRO DA CIDADE	
Mandato de 8 anos Vote em um		Mandato de 4 anos Vote em um	
Maria da Silva	☐	Elizabeth Taylor	☐
João de Barro	☐	Jerry Lewis	☐
Nenhum desses candidatos	☐	Paul Newman	☐

PARA DEPUTADO FEDERAL		PARA PROMOTOR PÚBLICO	
Mandato de 4 anos Vote em um		Mandato de 4 anos Vote em um	
Chiquinha Gonzaga	☐	Graciliano Ramos	☐
Francisco de Assis	☐	Manuel Bandeira	☐
Nenhum desses candidatos	☐	Jorge Amado	☐

PARA DEPUTADO ESTADUAL		PARA DELEGADO DE POLÍCIA DA CIDADE	
Mandato de 4 anos Vote em um		Mandato de 4 anos Vote em um	
Filisberto da Silva	☐	Santo Expedito	☐
Gracindo Gonçalves	☐	São Judas Tadeu	☐
Nenhum desses candidatos	☐	Santa Rita de Cássia	☐

NA SUA OPINIÃO:		
O casamento homossexual deve ser liberado?	( ) Sim	( ) Não
Você é a favor do fim da reeleição?	( ) Sim	( ) Não
Você é a favor da proibição de fumar em lugares públicos fechados?	( ) Sim	( ) Não
Você é a favor do aumento de imposto para construir a ponte sobre o rio X?	( ) Sim	( ) Não
Você é a favor de obrigar todos os estudantes a usar uniforme enquanto estiverem na escola?	( ) Sim	( ) Não

— Espere aí!!! Desse jeito as pessoas também votam diretamente sobre questões de seu interesse particular?

— Sim, Laura. Além de elegerem os governantes e representantes, elas decidem o que querem para a sua comunidade. É um modelo de democracia mista, direta e indireta ao mesmo tempo. É uma eleição e um plebiscito. Por isso as cédulas são tão grandes... Sabe, pessoalmente prefiro esse sistema, gostaria de dar minha opinião diretamente sobre vários assuntos...

Na sua opinião

*O analfabeto político é tão burro
que se orgulha e estufa o peito dizendo
que odeia a política. Não sabe o imbecil que,
da sua ignorância política, nascem a prostituta,
o menor abandonado, e o pior de todos os bandidos,
que é o político vigarista, pilantra, corrupto
e lacaio dos exploradores do povo.*

Bertolt Brecht (1898-1956),
dramaturgo e poeta alemão

1. Você se sente atingido pelos versos de Brecht?
2. Ele não carregou demais nas ofensas aos políticos?
3. Você concorda com a expressão "o analfabeto político é tão burro"? Justifique sua opinião.

Corrupção na política e no esporte

— João, a prô Maria Clara tem nos orientado para acompanhar o noticiário político. O último debate com a nossa turma na classe foi muito animado. Sinal que muito mais gente está se inteirando sobre o que acontece em nosso país.

— Laura, todos nós temos de acompanhar o que acontece e formar nossa opinião. Mais cedo ou mais tarde os políticos irão bater na nossa porta para pedir votos. A maioria sempre quer se reeleger... transformaram o mandato em profissão, vivem de ganhar dinheiro na política.

— Temos de colocar um ponto-final nisso...

— Apoiado, Laura. Tenho um aplicativo que vai ajudar. Baixe aí no seu celular: chama-se DETECTOR DE CORRUPÇÃO (reclame-aqui.com.br). Use a câmera do aplicativo e tire uma foto do político. O aplicativo faz uma leitura facial e mostra qual é o processo a que ele está respondendo, sendo investigado, processado ou se já está na "gaiola". Avise a turma, mas deixe bem claro que o aplicativo não tem ligação partidária, nem é dirigido contra alguém em especial.

Fique por dentro!

Não deixe de baixar o aplicativo detector de corrupção no endereço eletrônico
http://www.vigieaqui.com.br/detectordefichadepolitico
Esse aplicativo é gratuito e apartidário!

110 Com a bola no pé e a urna na cabeça

— Vai ser muito útil durante a campanha eleitoral. A hora que o candidato ou a candidata aparecer na tevê, *click* e já se tem a ficha corrida, ou melhor, o currículo da "excelência"!

— Todos nós sabemos pela mídia tradicional e pelas redes sociais que muitos políticos são corruptos. Quando eles recebem propina, mais uma vez de onde vem essa grana? O dinheiro roubado vem de obras e de compras superfaturadas dos órgão públicos. Esse dinheiro desviado faz falta nas escolas, nos postos de saúde, no saneamento básico, na conservação das estradas, no apoio à cultura, nos programas de casas populares...

DE CADA **100** REAIS QUE UMA PESSOA GANHA HONESTAMENTE **35** VÃO PARA O GOVERNO

OS PRIMEIROS **CINCO SALÁRIOS** DO ANO SÃO SÓ PARA PAGAR IMPOSTOS

PAGAR IMPOSTO É UM ATO DE **CIDADANIA**, MAS OS RECURSOS PRECISAM SER BEM ADMINISTRADOS

Com a bola no pé e a urna na cabeça

Blog do Barbeiro

É preciso pagar impostos para que o Estado tenha dinheiro para aplicar em ações sociais. Porém, com a corrupção, maus políticos incham os governos com funcionários desnecessários, e os salários e aposentadorias privilegiadas comem os recursos. É claro que não queremos generalizar...

Quando se fala em corrupção, temos de começar no nosso dia a dia, no nosso cotidiano. Eu não posso ser parado pelo guarda e colocar um "dinheirinho" na mão dele para quebrar a minha multa: isso é corrupção!

A pequena corrupção, coletiva, gigantesca, espalhada por todo o país é que acaba por levar os grandes corruptos a praticar seus atos de corrupção. Por quê? Porque quando se acha que está impune, que não vai acontecer nada, absolutamente nada!, a corrupção vai se espalhando e chega nas camadas superiores do governo.

A corrupção precisa ser combatida do lado penal, é claro, mas também do lado ético, do lado do cidadão.

Nosso país está passando por um processo necessário, e que todos acompanham, que é a Operação Lava Jato. Aliás, no Brasil, essa Operação se tornou um divisor de águas no que diz respeito à corrupção: existe um antes da Lava Jato e um depois da Lava Jato.

Combater a corrupção é política pública – não é política de governo, não é política de uma pessoa. É política de todos! Precisamos colocar um pé no breque da corrupção. Os partidos são corruptos? Alguns são. Políticos são corruptos? Alguns são. Aqueles que são comprovadamente considerados corruptos pela Justiça não podem receber nosso voto nunca mais. É preciso avisar a todos para não votarem nunca mais nesse tipo de candidato. Por outro lado, é preciso deixar nas mãos da Justiça a solução desse problema. Agora, a Justiça deve ser igual para todos – a lei deve ser igual para todos! Não pode haver uma lei "mole" para uns e extremamente rigorosa para outros.

Em vista disso, nós temos de ficar muito atentos à questão da corrupção no nosso país, mas não só de cima para baixo: vamos começar pelo nosso cotidiano, pelo nosso dia a dia. Que tal começarmos pelas pequenas coisas?

- ✓ Um familiar seu tem um carro e toma uma porção de multas. Para não perder a carteira de motorista, ele pede para um amigo assumir os pontos por ele e, com isso, não perde sua carteira de motorista. Você acha que isso é ético? Você acha que isso é corrupção?

- ✓ Você conhece pessoas que atualmente não são estudantes e que têm carteirinha de estudante para fazer uso dela e pagar meia-entrada em cinemas ou teatros? Você consideraria uma fraude ter carteirinha de estudante sem ser estudante e fazer uso dela? Consideraria uma corrupção? Qual é sua opinião sobre isso?

- ✓ Na padaria, lhe devolveram o troco a maior. O que você faz com a diferença: põe no bolso ou devolve para o caixa?

— Nooossa, precisamos fazer uma faxina geral na política!

— O primeiro passo está na escolha de gente honesta para dirigir o governo, o Estado, o país, Laura. Ninguém pode ficar rico apenas recebendo o salário de presidente, govenador, senador, deputado, prefeito, vereador. Se ficar, tem caroço embaixo desse angu, como diz o meu avô. No dia da apresentação dos trabalhos vou insistir com a turma que a gente precisa se informar sobre os políticos que nos governam, se enriqueceram rapidamente, se fazem pressão para anular investigações sobre corrupção...

— Bom, João, se você expuser tudo isso, vai mexer com a cabeça da galera. Mas como você consegue tanta informação?

— Leio os jornais na internet, na minha casa também assistimos aos jornais pela televisão, vemos programas de debates, acompanho os noticiários no celular... Enfim, tomei gosto incentivado pelos meus pais, que sempre me explicam quando não entendo alguma coisa. Mas tem muita coisa também que eu sei e ensino para eles...

— Aaahh, tá bom, João Vítor, conta outra! Pelo que sei, muito do que você falou também contaminou o esporte em nosso país, especialmente o futebol, mas outras modalidades esportivas também se envolveram em casos de corrupção e até mesmo de assédio sexual. Como nosso trabalho é explicar como se monta um time de futebol, só vou ficar nesse esporte.

Blog do Gustavo

Infelizmente, parece que temos um problema nacional, que nenhuma organização pública ou privada está fora do sistema institucionalizado pela corrupção, pela falta de ética e governança. No caso da CBF, estão ocorrendo muitas mudanças para que a corrupção seja banida, porém somente o tempo irá demonstrar se as medidas foram eficazes.

Falta ainda no Brasil um sistema eficaz de controle da gestão das federações e confederações esportivas, como, por exemplo, um órgão não governamental, de fora do sistema esportivo e que tenha a proposta de controlar todas as federações e confederações esportivas do Brasil. O mesmo deveria acontecer na política.

Vamos esperar que a Justiça faça seu trabalho e prove quem são os gestores esportivos culpados e quem são inocentes!

Pense nisso!

O que me preocupa não é
o grito dos corruptos, dos violentos,
dos desonestos, dos sem caráter, dos sem ética...
O que me preocupa é o silêncio dos bons.

Martin Luther King Jr. (1929-1968),
pastor protestante e ativista político estadunidense

A verdade e a ética são inegociáveis.

Thomas More (1478-1535),
filósofo, estadista e escritor inglês

Apresentação dos trabalhos

— Laura, a professora Maria Clara está chegando para nos dizer o que achou dos trabalhos!

— Eu já estava ficando aflita. Ôps! Ela vai começar a falar!

— Eu li as pesquisas que os dois grupos fizeram sobre o partido político e o clube de futebol – começou a professora Maria Clara. — Quero adiantar que gostei do que vi até agora e quero combinar com vocês a apresentação dos trabalhos. Proponho uma apresentação no anfiteatro da escola e todo mundo convida os pais e os amigos. Assim, ao mesmo tempo que avaliamos o que foi pesquisado por vocês, vamos ajudando o público a entender como é importante participar dessas duas atividades. Contudo, gostaria que dessem destaque para algumas questões que podem ser debatidas, como:

1. O voto nas eleições deve continuar a ser obrigatório ou facultativo? Os defensores do voto obrigatório acreditam que ele compele as pessoas a se informarem do currículo dos candidatos, do programa dos partidos e, portanto, teríamos uma oportunidade para melhorar a qualidade dos resultados e divulgar a importância da política e dos políticos para a democracia. Não é possível uma democracia sem eles. Outros defendem que o voto obrigatório facilita a organização dos currais eleitorais e a reeleição eterna dos mesmos políticos, sem dar chance aos novos políticos. Em países de tradição democrática mais antiga, o voto é facultativo, ou seja, o cidadão pode abrir mão de participar da escolha de quem vai governar a cidade e o país.

Alegam que o voto deve ser consciente e as pessoas saem de casa para votar com a convicção de que estão escolhendo os melhores. Assim, na Alemanha, Espanha, nos Estados Unidos e em muitos outros países vota quem quer, não há punição nem multa se não o fizer, como há no Brasil.

2. A eleição deve ser em um dia só, feriado, ou em vários dias?
Novamente há uma divisão. Em alguns países a eleição se processa em vários dias úteis, os votos vão sendo contabilizados e no final do período são proclamados os resultados. No Brasil a eleição é em um só dia, no domingo, tanto no primeiro como no segundo turno, se houver.

3. É melhor um único turno ou dois turnos ?
Ao longo da nossa história política já experimentamos as duas formas. O segundo turno, defende a Constituição, possibilita que os dois mais votados sejam apresentados para a escolha final. Caso um candidato tenha uma votação muito grande, pode ser vencedor já no primeiro turno, sem a necessidade de nova votação.

4. A coligação, a união de vários partidos em torno de um candidato, ajuda ou atrapalha a escolha?
Nas democracias maduras, a coligação se dá depois da eleição, quando o partido vencedor não tem deputados suficientes para governar e faz coligação com outros, e assim forma-se maioria no parlamento. Nossas coligações funcionam ao contrário. Elas aparecem no período das eleições e nem sempre se mantêm depois. As coligações eleitorais possibilitam que assumam os cargos aqueles candidatos que obtiveram mais votos em toda a legenda. Geralmente, juntam-se partidos grandes com os pequenos, que contribuem com o seu tempo na propaganda eleitoral no rádio e na televisão. Depois dividem as vagas de acordo com o número de votos.

5. Um partido é aliado com outro na disputa da Presidência, porém nas eleições regionais se coliga com terceiros partidos. Isso confunde o eleitor? Como podem ser aliados na eleição para presidente e adversários, na mesma eleição, para govenador do Estado? Deve ser mantido ou mudado?

Em nosso pais prevalece o voto proporcional para a escolha de deputados federais, estaduais e vereadores. Assim é possível votar ou no candidato ou só na legenda. O número de vagas é proporcional aos votos recebidos pela legenda. Agora acabou aquela história de contratar um "puxador de votos" que elege a si mesmo e o que sobra do quociente eleitoral vai para os menos votados.

6. O voto em lista fechada é melhor para o país?

    Há quem defenda o voto em lista fechada, ou seja, o eleitor vota no partido e não no candidato. Terminada a contagem, verifica-se quantas vagas o partido obteve. Assim, os primeiros nomes da lista elaborada previamente pelo partido se elegem, não importa quem sejam. Para isso é preciso uma boa dose de educação política, conhecimento do programa do partido e uma escolha democrática dos primeiros da lista. Os "caciques" e donos do partido podem colocar o nome deles no topo...

7. O voto distrital seria uma boa opção?

    Gostaria que avaliassem se é melhor o sistema eleitoral em que se vota em um candidato de qualquer lugar ou o voto distrital. No distrital, por exemplo, uma cidade é dividida em distritos eleitorais e só moradores desses distritos podem votar e ser votados. Quem apoia o voto distrital diz que o sistema funciona bem em países maduros democraticamente, em que os eleitores conhecem os candidatos, geralmente vizinhos. Além disso, as campanhas são bem mais baratas. Os críticos desse sistema dizem que ele favorece os mais ricos que podem contratar mais cabos eleitorais e, novamente, só se elegem os velhos donos do partido.

8. Você gostaria de ser perguntado sobre os projetos do governo?

    Nossa democracia é representativa, isto é, nós não votamos diretamente nos projetos de lei. Quem decide por nós são os senadores, deputados ou vereadores. Contudo, ela garante o que se chama de democracia direta. Por exemplo, perguntar aos cidadãos se querem uma república ou monarquia; se deve ser parlamentarista ou presidencialista. O povo, como já aconteceu, escolhe diretamente ou através de referendo. Por exemplo: o Legislativo aprova uma lei, como o desarmamento, e depois convoca um referendo, ou seja, convoca os eleitores para dizer se a lei deve ser mantida ou não. Há lugares no mundo, entre eles a Suíça, que são democracias diretas; outros misturam as duas formas com muitas consultas populares.

9. Finalmente, gostaria que considerassem se vale a pena discutir se devemos ou não fazer uma reforma política profunda na legislação eleitoral brasileira. Várias já foram feitas pelos senadores e deputados e, no entanto, vocês mesmos constataram que ainda há muito o que melhorar e não favorece, por exemplo, o aparecimento de novas lideranças políticas. Será que os atuais políticos não fazem as reformas necessárias para perderem o poder? Quem poderia fazer uma reforma política mais profunda? Eu acredito que a resposta seria uma nova Assembleia Nacional Constituinte para redigir uma nova Constituição em lugar da atual, que é de 1988. Contudo, na nossa tradição republicana, as constituições foram redigidas pelos deputados e senadores, ou Congresso Nacional Constituinte. Nunca se optou por uma Constituinte exclusiva que se dissolvesse depois do trabalho pronto. Mas isso é possível? Que tal perguntarem aos seus pais para envolvê-los no debate no dia da apresentação dos trabalhos?

— Políticos podem se reeleger indefinidamente – continuou a professora Maria Clara. — Criam máquinas partidárias, grudam no casco do navio do poder como cracas e "não largam o osso", como diz o povo. Esse também é um tema interessante para envolver a plateia no debate, e olhe que vai sair fumaça! Bom, acho que já falei demais. Vamos montar as apresentações, vejam de que material precisam, combinem o dia, horário e o tempo de apresentação. Não esqueçam de destinar um tempo para as perguntas e os debates que necessariamente vão surgir. Boa apresentação!!!

Sim, pode ser evitado!

O episódio Chapecoense, em que uma equipe regional morre em acidente aéreo, se transformou em uma tragédia internacional, gerando uma enorme comoção nacional.

Teria sido uma fatalidade? Não. A tragédia deveu-se à falta de controle dos serviços contratados, causando perda de vidas e perdas financeiras, falta de responsabilidade da companhia aérea que levou toda a equipe. Um acidente tem menos possibilidade de acontecer se todas as pessoas envolvidas se planejarem e tiverem atitudes que tenham como princípio a vida e a prevenção de tragédias.

Se mencionamos acidentes dentro do futebol, algumas fatalidades podem ser prevenidas desde que os legisladores, dirigentes das confederações, federações, ligas de futebol e dos clubes respeitem os regulamentos e também invistam recursos humanos e financeiros no preparo de pessoas em prevenção. É importante lembrar que existem realidades financeiras diferentes dentro dos clubes, mesmo que sejam de primeira divisão. Nos clubes em que os recursos financeiros são maiores, existe uma consciência e a prevenção de acidentes é bem maior do que nos clubes com menos recursos.

É importante lembrar que existem atitudes espontâneas em algumas federações e confederações, que buscam propiciar padrões de avaliação médica, além de criar parcerias com universidades na avaliação médica dos atletas, colaborando com os clubes menos capacitados financeiramente. Mesmo assim, nem todos os clubes participam das avaliações.

Não é só a corrupção que é considerada um problema no futebol – na verdade, falta conscientização e profissionalismo na gestão como um todo, sem falar na preocupação com o bem-estar individual (físico, psicológico e social) do atleta, que muitas vezes é deixada de lado por questões que podem ser financeiras ou por falta de consciência.

Poucos gestores sabem as demandas do alto rendimento esportivo e como atendê-las.

Em nível nacional e de seleções, existe um problema ainda maior, o problema político e de egos na gestão dos atletas. Todos são estrelas e intocáveis. Existe uma cobrança acima do normal dos clubes para a obtenção de resultados e quando estes não aparecem sempre existe ou "deve existir" um culpado, e quase nunca se considera a falta de planejamento e do processo de preparação.

A corrupção no futebol surge da necessidade financeira e dos interesses dos gestores das federações, quer por causa dos patrocinadores, quer por questões políticas ou por interesse pessoal dos envolvidos no evento (podem ser dirigentes dos clubes, das federações, dirigentes dos árbitros ou mesmo os próprios árbitros). A corrupção no futebol não acontece apenas no Brasil, ela ocorre em diversos países mundo afora.

> **A corrupção nacional NUNCA
> deveria ser considerada uma fatalidade,
> mas o resultado da falta de fiscalização,
> da falta de ética e de moral dos governantes,
> dos servidores do governo,
> dos agentes fiscalizadores e, até,
> dos dirigentes dos grandes conglomerados
> comerciais e financeiros do Brasil.**

Está em nossas mãos mudar o país, e só vai mudar com iniciativas como essa que estamos aqui fazendo na escola, abrindo os olhos das pessoas, e se cada um de nós for para sua casa, for para sua família, for para seus amigos e disser: "Olha, gente, antes de votarmos, vamos ver de quem se trata a pessoa a quem vamos dar nosso voto. Vamos ver quem é esse cidadão, se ele realmente é uma pessoa que está preocupada com o destino do nosso país ou se está preocupada apenas em se dar bem na vida, ou seja, em arrumar a vida dele e a dos seus amigos, dos seus familiares, e por aí afora...".

As eleições devem ser vistas como um contrato. O contrato, como vocês sabem, é feito entre duas partes: de um lado, o fornecedor; do outro, o comprador, o consumidor.

Em uma eleição, quem é o fornecedor? Fornecedor é o político que está apresentando seu plano de governo. Quem é o consumidor? Consumidor somos nós, os cidadãos, que estamos colocando nas mãos dos políticos a possibilidade de eles governarem o país.

122 Com a bola no pé e a urna na cabeça

Quando você assume um contrato, você deve cumpri-lo. Primeiro, o contrato tem duração de tempo, não tem? No caso das eleições, a duração é de quatro anos. Portanto, o mínimo que a gente espera é que, quando eu contratei o cidadão-fornecedor por quatro anos, ele fique quatro anos no cargo. Mas muito frequentemente isso não acontece: como no Brasil temos eleições de dois em dois anos, o cidadão-fornecedor também pula de cargo de dois em dois anos — ele é eleito vereador e depois abandona a vereança para ser deputado estadual, ou abandona o cargo de deputado estadual para ser deputado federal; abandona o cargo de deputado federal para ser senador; abandona o Senado para ser governador e aí, muitas vezes, abandona o cargo de governador para ser presidente da República.

É preciso avaliar também este aspecto, o chamado contrato, se o candidato-fornecedor cumpre o contrato ou não, principalmente porque nós cumprimos a nossa parte — em primeiro lugar, nós votamos; em segundo lugar, nós pagamos os impostos que fazem a máquina pública andar. Toda despesa feita pelo Governo, não importa se pela Prefeitura, Câmara, Assembleia, Ministério etc., é paga por nós, pelo povo que coloca dinheiro — dia e noite, dia e noite, sem parar — para todas essas despesas. Não se esqueça disso. Não se esqueça de que o Governo não tem dinheiro, o dinheiro que está lá vem dos impostos que pagamos. Então, temos de exigir que ele seja gasto com o máximo de eficiência possível. E mais: é preciso fiscalizar aquilo que é nosso.

Está em nossas mãos avaliar o político.

Com a bola no pé e a urna na cabeça

Apêndice

Meios de comunicação

As mídias, de forma geral, acompanham tanto o noticiário esportivo como o político nas esferas estaduais, municipais e federal. Elas contam para todos o que se passa na frente e nos bastidores do poder:

– são os "cães de guarda" do Estado
– buscam a isenção
– buscam o interesse público
– respeitam o direito de resposta
– primeiro apuram e depois opinam
– respeitam o princípio da inocência
– lutam pela independência
– reconhecem publicamente os erros
– são transparentes nas suas preferências
– contribuem para a democracia
– não fazem campanha política para ninguém
– não praticam a assessoria de imprensa como jornalistas

Como "cães de guarda" do Estado, as mídias têm o dever de fiscalizá-lo, não só a ele, mas a todos os poderes da República. E denunciar quando a lei é desrespeitada seja por quem for, do presidente ao funcionário mais humilde de uma pequeníssima prefeitura.

Quem trabalha nos órgãos de imprensa precisa praticar a transparência, uma vez que torce para times de futebol, vota em candidatos, gosta de uns e não gosta de outros, tem família, tem religião... Como um ser humano qualquer, tem suas preferências, mas precisa praticar a isenção!

As três joias do jornalismo: credibilidade, coragem e solidariedade humana. Assim, para que possamos entender e acompanhar a política é preciso UMA IMPRENSA LIVRE E INDEPENDENTE. Mas isso não isenta a diferença de interpretação, opinião, editorial, sobre o ambiente político ou mesmo esportivo. O ideal é se informar por mais de um veículo ou plataforma de notícias.

É preciso deixar muito claro que não é missão do jornalista fazer a cabeça de ninguém; ele não é condutor de ninguém; não deve dizer o que é melhor para ninguém, pois quem faz a cabeça do cidadão é ele mesmo, e para isso ele se utiliza das notícias apuradas pelos jornalistas.

Graças às mídias sociais ninguém mais publica alguma coisa sem a imediata reação do público. Por meio das plataformas, ela pode chegar tanto ao jornalista como ao seu representante no Senado, Câmara ou Assembleia Legislativa. Essas plataformas servem tanto para dar um *feedback* aos emissores de notícias quanto para formar grupos particulares para repartição e compartilhamento de notícias, vídeos, áudios, fotos...

As *fake news*, notícias falsas que até parecem verdadeiras, trazem vários problemas para as pessoas-alvo, afetando seus relacionamentos afetivos e familiares, influenciando-as de formas diferentes. Essas notícias falsas não ajudam a democracia e geralmente atacam e ofendem as pessoas, políticos ou não. É preciso verificar se a notícia é verdadeira antes de sair compartilhando com os amigos. Algumas dicas para assegurar se a notícia é verdadeira ou falsa: desconfie das manchetes; procure outras reportagens sobre o mesmo assunto; se a formatação for incomum, desconfie; investigue a fonte, a origem da notícia, confira as datas; tudo muito fácil, o santo desconfia!; não se iluda com as imagens, podem ser montagens; é uma brincadeira ou uma notícia séria?; notícias podem ser intecionalmente falsas para atingir alguém.

A seguir, sugestões de alguns dos muitos veículos de comunicação com credibilidade, que temos à disposição para nos informarmos, até mesmo alguns *sites* de veículos internacionais que têm edição em língua portuguesa.

PRINCIPAIS VEÍCULOS DE COMUNICAÇÃO

REUTERS – Brasil — www.br.reuters.com
BBC – Brasil — http://www.bbc.com/portuguese
Agência EFE — www.efe.com/efe/brasil/3
El País — www. brasil.elpais.com
Deutsch Welle — http://www.dw.com/pt-br/not%c3%adcias/s-7111
Jornais e rádios *online*: https://www.guiademidia.com.br/futebol/times.htm

SITES DE NOTÍCIAS
- UOL
- G1
- R7
- Conjur
- Migalhas
- Correio Braziliense
- Contas Abertas
- Congresso em Foco

RÁDIOS *ALL NEWS*
- CBN
- Jovem Pan
- Band *News*

REVISTAS SEMANAIS
- *Veja*
- *Época*
- *Carta Capital*
- *Istoé*

GRANDES REDES COM TELEJORNAIS
- Globo
- Record
- SBT
- Rede TV
- Cultura

GRANDES JORNAIS NACIONAIS
- *Folha de S.Paulo*
- *O Globo*
- *O Estado de S. Paulo*
- *Zero Hora*
- *Valor Econômico*
- *Extra*

EMISSORAS DE NOTÍCIAS
- Globo *News* (assinatura)
- Band *News* (assinatura)
- Record *News* (aberta)

FOCUSSTOCKER/OAKOZHAN/SKYLINES/SHUTTERSTOCK

OUTROS *SITES* DE INTERESSE

DIREITOS DO TORCEDOR: são poucas as pessoas que sabem que existe uma Secretaria Nacional de Futebol e Defesa dos Direitos do Torcedor!
http://www.esporte.gov.br/index.php/institucional/futebol-e-direitos-do-torcedor/missao

ESTATUTO DO TORCEDOR:
https://www.golnaurna.com.br

O ATLETA E OS DIREITOS TRABALHISTAS:
http://www.vermelho.org.br/noticia/308683-1

O ATLETA E O DIREITO DE IMAGEM:
http://www.guiatrabalhista.com.br/tematicas/direito_arena_imagem.htm

CÓDIGO DE DEFESA DESPORTIVO:
https://www.golnaurna.com.br

DIREITOS DO CIDADÃO:
http://www.brasil.gov.br/editoria/esporte/2013/04/conheca-alguns-exemplos-de-direitos-e-deveres-do-cidadao

PROCURADORIA DOS DIREITOS DO CIDADÃO:
http://www.mpf.mp.br/atuacao-tematica/pfdc

http://cidadaoalerta.org.br/conteudo.php?id=36

Bibliografia

BARBEIRO, H.; CANTELE, B. *O mundo dos políticos.* Rio de Janeiro: Ediouro, 2008.

———; LIMA, P. M. *Manual de jornalismo.* Rio de Janeiro: Campus, 2013.

———; RANGEL, P. *Manual de jornalismo esportivo.* São Paulo: Contexto, 2004.

BATISTA, A. *Corrupção:* o quinto poder. Repensando a ética. 14. ed. São Paulo: Edipro, 2015.

CALDEIRA, G. *História da riqueza do Brasil.* Rio de Janeiro: GMT Editores, 2017.

CONY, C. H.; BARBEIRO, H.; XEXEO, A. *Liberdade de expressão 2.* São Paulo: Futura, 2004.

JOUVENEL, B. *O poder:* história natural de seu crescimento. São Paulo: Editora Peixoto Neto, 2015.

KORTE, G. *Treino mental:* arbitragem do futebol. São Paulo: Annapurna, 2012.

MATHEUS, C. *As opiniões se movem nas sombras.* São Paulo: Atlas, 2011.

MORAES, M. *Política.* São Paulo: Geração, 2014.

OLIVEIRA, F. R. de; MARQUES, M. da S. (Org.) *Introdução ao risco político:* conceitos, análises e problemas. São Paulo: Elsevier, 2014.

TROSTER, R. L. *O bê-á-bá da política econômica no Brasil de 2018.* São Paulo: M. Books, 2018.

VIANA, M. da S.; ANDRADE, A.; MATIAS, T. S. Teoria da autodeterminação: aplicações no contexto da prática de exercícios físicos de adolescentes. *Pensar a Prática,* Goiânia, v. 13, n. 2, p. 118, maio/ago. 2010.